JN010994

18歳までに知っておきたい契約のはなし

弁護士
神坪浩喜

みらい PUBLISHING

はじめに ——18歳になると大人。一人で契約ができる反面、責任を負う。

君は、はやく大人になりたいと思っているだろうか。それとも、大人なんて大変そうだから、しばらく子どものままでいいと思っているかな。そもそも、大人になるってどういうことだろう。

成人式という行事があるが、成人式を境に、子どもから大人になるのだろうか。民法《みんぽう》という法律では、「年齢18歳をもって、成年とする」と定めている。少し前までは、20歳が成年とされていたが、２０２２年4月から、成年年齢が20歳から18歳に引き下げられた。国が、これからは20歳ではなく、18歳が成年だと決めたのだ。

その結果、18歳になれば、法定代理人（多くは親）の同意がなくても一人で契約をすることができるようになった。例えば、携帯電話の契約、クレジットカードを作る契約、一人暮らしのアパートを借りる契約、ローンを組んで自動車を購入する契約……。これを聞いて、君は「はやく一人前に扱ってもらえる！」「自由にできる！」と嬉しく思うだろうか？

しかし、「自分一人だけで契約できる」ということは、責任も伴うことである。契約することは、権利だけが生まれるものではない。お店で、商品を購入する売買契約を結べば、自分には、代金を支払う義務と責任が発生する。

未成年者であれば、親の同意がない契約には、後で契約をしたことを後悔したならば、「未成年者取消権《みせいねんしゃとりけしけん》」を使って、一方的に契約を取り消すことができた。ある意味、未成年者は、保護されていた。

しかし、成年者となれば、「未成年者取消権」が使えなくなる。自分の意思で決めた契約は、責任を持ってきちんと守らなければならない。一人で決めることができるということは、自分で決めたことに責任も生じることでもある。

18歳になれば、誰しもが、きちんと情報を集めて、判断し、適切な契約を結べるわけではない。人の成長は、人それぞれだ。これまでの人生経験、身に付けた能力、受けてきた教育、育ってきた環境はそれぞれ異なる。契約をうまくできる人もいれば、うまくできない人もいるだろう。

そもそも、これまでだって、20歳以上の大人でも、うまく契約ができずに、大切な財産を失うこともあった。

悪質業者は、高齢者とともに、20歳代の若年者をよく狙う。それは、20歳代の若者は、判断能力がまだ乏しいことに加えて、20歳となれば、「未成年者取消権」が使えなくなることを見越しているからだ。

20歳が成年だったころの統計によれば、消費者相談件数が、２０２０年では、20歳未満の２万７３９８件の相談件数が、20歳代になると8万６９００件にも急増する。この数字からわかるように、未成年者取消権が使えない20歳以上の若者を悪質業者は狙っていたのだ。

18歳が成人になった今、悪質業者は、20歳代の若者だけでなく、間違いなく19歳、18歳もターゲットにするはずだ。君たちは、18歳になる前に、自分の身は自分で守ることができるように、知識や能力を身に付けなければならない。18歳までに、自分にとって必要で、幸せにつながる契約ができるようにしておきたい。

本書で伝えたいことは、「契約は、人生を豊かにするためのツールである。しかし、危険な側面もある」ということだ。

刃物も火も危険なものだ。しかし、刃物や火をうまく使いこなすことによって、美味しい料理が作れるし、いろいろな物を作り出すこともできる。刃物や火を使いこなすことで、人生を豊かにすることができる。

そのためには、人生の豊かさを味わいつつ、怪我をしたり、火事を起こしたりしないために、道具としての刃物や火の「正しい使い方」「やってはいけないこと」を身に付けておく必要がある。契約も道具だ。使い方を身に付け、やってはいけないことを避けて、うまく使いこなすことができれば、大いに豊かな人生の助けになるだろう。

　契約について基本的なルールを定めているのが「民法」という法律だ。民法は、未成年者だけに取消権を認めているわけではない。契約当事者の意思を尊重し、当事者が決めた契約に拘束力を認めつつも、当事者の意思決定の過程に問題がある場合には、公平の観点から、契約の取消しが認められることも定めている。

　このように、民法は、契約における「公平なルール」を定めている。民法で定めたルールには、当事者間にもめ事が起きた場合、様々な事情を考慮して当事者が納得する妥当な結論を導き出す指針の役割もある。

　そこで、契約について理解するためには、民法のことも知っておく必要がある。

　この本は、18歳までに知っておきたい契約の使い方、知識について、わかりやすく書いた、「契約の使い方説明指南書」だ。

　うまく契約を使いこなして、自分らしい豊かな人生を送るために、契約について一緒に楽しく学んでいこう！

弁護士　神坪浩喜

第2章 どのような契約があるのだろう？ ～契約の種類　57

第3章 契約したら、権利も得るが責任も生じる！

序章　君は大丈夫？　悪質業者に狙われやすい人はこんなタイプ！

まず、君に厳しい現実を伝えなければならない。

世の中には、若者を狙って、お金儲けをしようという悪質業者がいるということだ。

消費者トラブルの統計を見ると、若者と高齢者にトラブルが多い。若者は、知識、経験の不足から判断能力が乏しいため、人が言うことを素直に聞くし、すぐに信じてしまう。

そのため、悪質業者にとって若者は、言った通りに契約をして、商品やサービスを購入し、現金を払ってくれるいいお客様なのだ。

現在は、お店にいかなくても、ネットで商品やサービスを購入できるようになったことも、抵抗なく契約することを助長させる一因だ。実に便利な世の中になったものだ。スマートフォンがあるだけで、簡単に買い物ができ、数日後には、商品が届けられる。

オンラインショッピングは、実に便利だが、つい必要のないものを買ってしまったり、現物を見ていないため、届けられた物が、想像していた物とは違っていたりする。

スマートフォンを見ていると、何度も自分に興味がある商品の広告が出てくる。これまでの購入履歴、検索履歴、広告の閲覧履歴といったデータから、その人に興味がありそうな商品の広告を意図的に流しているのだ。その分析は、実に精度が高く、興味がありそうな商品を選んで見せてくるから、つい広告をクリックしてしまう。そうして出てくる広告も実に購買意欲をそそるもので、簡単に購入できることもあって、ついつい購入ボタンを押してしまうというわけだ。

オンラインショッピングでは、商品の現物を見ることはできない。パソコンやスマートフォンの画面に表示される商品の写真や説明で、購入するかどうかを判断するしかない。写真はうまく撮っているから、写真では、素敵に見えたのに、実物は思ったものと違っていたということもある。

広告の目的は、商品やサービスを買ってもらうことだ。そのために、当然、業者は、商品やサービスを魅力的に見せ、見た人の購入意欲を刺激し、買うことのメリットを伝えようと工夫を凝らしている。動画によって、実に巧みなプロモーションをしかけてくることもある。衝動買いが誘発され、冷静な思考ができなくなってしまうこともあるだろう。

また、オンラインショッピングでは、お店の様子や、販売する人も見ていない。お店で買う場合には、お店の様子やお店の人が信用できるかどうか感じながら、購入することもできるが、オンラインショッピングではそれもわからない。業者側は情報を、都合よくコントロールできてしまうのだ。

そのため近時は、オンラインショッピングのトラブルが増えている。

○君は大丈夫？　消費者トラブル・チェックリスト！

さて、ここで、君が消費者トラブルにあいやすいかを確認してみよう。次の問いに自分があてはまるかをチェックして欲しい。

□　1　トラブルにあって困っても、すぐに相談できる相手がいない。
□　2　自分の容姿に、自信がない。
□　3　自分は、このままでは社会に出て一人前になれるか不安である。
□　4　自分の考えを相手にはっきり伝えるのが苦手である。
□　5　人から何か頼まれたり、お願いごとをされたりすると断れない。
□　6　経済的な余裕はなく、親にもこれ以上頼れない。
□　7　一攫千金《いっかくせんきん》に憧《あこが》れる。宝くじで、大金を手に入れることをよく想像する。
□　8　目の前にあらわれたチャンスは、逃したくない。
□　9　人とコミュニケーションをとるのはどうも苦手だ。
□　10　友人から誘われると、気が乗らなくても、断り切れない。

□ 11 友人から頼まれると、断ると友人に嫌われるのが怖くて、断れない。

□ 12 ラクをしてお金を儲けることができるなら、それがいいと考えている。

□ 13 高額な商品やサービスほど、よいものだと思う。

□ 14 有名人が紹介している商品やサービスなら信用できる。

□ 15 友人や知人が、勧めている商品やサービスなら信用できる。

□ 16 ブランド品や正規品をうたう広告であれば信用できる。

□ 17 口コミのよい商品やサービスなら信用できる。

□ 18 今のダメな自分を変えたいと思っている。

□ 19 口頭で「買います」と言っても、契約書にサインしなければ、契約は成立していないと思う。

□ 20 契約をしても、気に入らなければ、後で解約をすればいいと思っている。

□ 21 いったん契約をしても、クーリング・オフをすれば大丈夫だ。

□ 22 いったん契約をした以上は、どんなときでも解約はできないと考えている。

□ 23 自分の毎月の生活費にどれくらいかかっているのか、わからない。

□ 24 手元にお金がなくても、欲しいものは分割払いで買えばいい。

□ 25 友人から、「絶対に迷惑をかけないから、保証人になって」と頼まれたら、友人が「迷惑をかけないと言っているのだから大丈夫だろう」と思う。

□ 26 友人から、「お金を貸して欲しい」と頼まれたら、貸してあげるのが友情だと思う。

□ 27 SNSの広告をクリックすることがよくある。

□ 28 副業や投資に興味がある。

□ 29 美容医療（脱毛エステ等）に興味がある。

□ 30 今のままの自分では、就職できないか不安がある。

□ 31 社会で生きていくためには、資格をとるのが一番だ。

□ 32 優しくしてくれる業者、親切にしてくれる業者の言うことは信用できる。

□ 33 契約に関するトラブルにあったことを相談することは恥ずかしい。

□ 34 契約のトラブルにあったら、消費生活センターに無料で相談できることを知らなかった。

□ 35 「無料お試しコース」「無料試供品」なら、無料なので、やってみようと思ったことがある。

□ 36 これまで何度か衝動買いをしてしまったことがある。

どうだったかな？　これらは、消費者庁の消費者白書で、若者が消費者トラブルに陥りやすいポイントとしてあげられているものを、質問形式にしたものだ。もし20個以上あてはまるようだったら、要注意だ。今、君の目の前に悪質業者が現れたら、悪質商法に引っかかる可能性が高いということだ。

いきなり、怖がらせてしまったかな。でも、この本を読んで契約のことについて学べば大丈夫。この本が、君を消費者トラブル、悪質業者から守ってくれる強力な味方になるだろう。難しいところもあるかもしれないが、がんばってついてきて欲しい。

第1章

契約って何？

これから就職活動のA「僕は、X商事に入社して、世界をかけわたる商社マンになりたい！」

母親「あなたは、商社なんて向いていないから、Y銀行に入社するように頑張りなさい」

Aは、自分で就職先を選ぶことはできないのだろうか？

1　わたしたちは、契約の中で生きている

1　契約って身近なこと

「契約」と聞くと、君はどのようなイメージを持つだろうか。契約書にサインしたこともないし、大人ではない自分には、あまり関係がないと思っているかもしれないね。

しかし、全ての人が、子どもであっても契約に囲まれて生きている。もちろん君も例外ではない。

君は、何で通学しているだろうか。電車で通っているなら、鉄道会社との間で「運送契約」を結んでいる。お昼にコンビニでおにぎりを買えば、コンビニと「売買契約」をしたことになる。学校の帰りに家の近くのレンタルショップで映画のＤＶＤを借りたならば、お店との間で「賃貸借契約」を結んでいる。これらは、全て契約だ。自分が着ている服も持っている本やゲームソフトも、以前、売買契約を通じて、手に入れたものがほとんどだ。

私たちは、この社会で、一人で生きているのではなく、誰かとつながりながら生きている。そのつながりの主なものが「契約」だ。私たちは契約の中で生きているといえる。私たちは、誰とどのような契約をするかを自由にできる。契約をするかしないかも自由だ。「契約する」ということは、社会とつながることでもあり、契約の積み重ねによって、現在の社会の中の

自分がいるということである。

これから、君は、どのような人生を生きたいと考えているだろうか。それは、これから、君が、どのような契約を選択し、積み重ねていくかに大きく関わってくる。よい契約をすることで、人生は幸せで豊かになるが、逆に、契約によって不幸になることもある。

よい契約を選択することができるようになり、自分を不幸にする契約をしないために、まずは契約とは何かを、学んでいこう。

2 私たちは、なぜ契約をしているのか？ ～契約の目的

私たちは、日々、様々な契約をしている。なぜ、契約をしているのだろうか？

契約のない世界を想像してみよう。誰とも契約することなく、無人島で一人暮らしている。全ては、自給自足だ。下着も服も自分で作って用意するしかない。食べ物は、木の実だ。ライターやマッチも購入できないから、火も自分で起こすしかない。誰かから商品を購入することも、借りることもできない世界だ。考えただけでも、不便な世界だろう。生きていけるかも不安だ。私たちは、契約を通じて、自分が持っていない物を他者から手に入れることができる。例えば、君が持っている自転車は、自分ではとても作ることができないが、売買契約をして、代金を払うことで、自分の物にすることができる。

また、自分ができないことも、他者との契約を通じて、実現することもできる。例えば、電車に乗ること（運送契約をすること）で、自分の足では歩いてはとてもいけない場所に、短時間でたどり着くことができる。私たちは、契約を通じて、他者の力を借り、生活を便利に、人生を豊かにしていることがわかるだろう。

さらに、君は契約を通じて、誰かの役にも立っている。物を買って、代金を支払うということは、売主の生活に貢献している。ケーキ屋で、ケーキを買って、代金を支払えば、そのお金は、ケーキ屋店主の生活費やケーキ屋で働く人の給料の一部になっていく。

また、君が将来、会社と雇用契約を結び、会社で働いて給料をもらう立場になったとしたら、君は、会社で働くことを通じて、社会に貢献することになるだろう。

このように、人は、社会において、生活を便利に、人生を豊かにするために、契約をする。人は、契約を通じて、他者と様々な社会関係を形成して、自己実現していくのだ。

2　そもそも契約って何？　約束と何が違うの？

そもそも契約って何だろう？　約束と何が違うのだろうか？

君が友人と、明日の午前10時に渋谷のハチ公前で待ち合わせをする約束をしたとしても、それは契約ではない。もし、友人が約束を忘れて来なかったとしても、裁判所に訴えて、損害賠償請求をしても、それが認められることはない。

契約は、一定の要件を満たした場合に、一定の法的な権利や義務を生じさせる特別な約束のことだ。契約とは、「**法的な拘束力のある合意**」のことを言う。合意とは、お互いの意思表示が合致することだ。

契約は、一般に、契約をしようとする人が契約の「申込《もうしこ》み」を行い、もう一方の人が「承諾《しょうだく》」をすることで成立する。当事者双方の「申込み」と「承諾」という意思表示が合致することで契約が成立する。

例えば、売買契約の場合には、売主の「売ります」と買主の「買います」の意思表示が合致して、売買契約が成立する。

アパートを借りるといった賃貸借契約の場合には、貸主の「貸します」と借主の「借ります」という意思表示が合致して、賃貸借契約が成立する。

（売買契約）

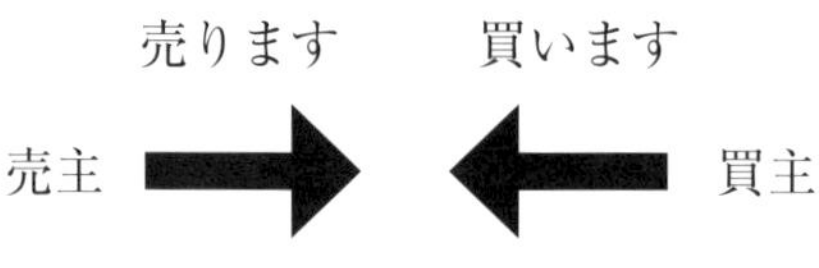

（賃貸借契約）

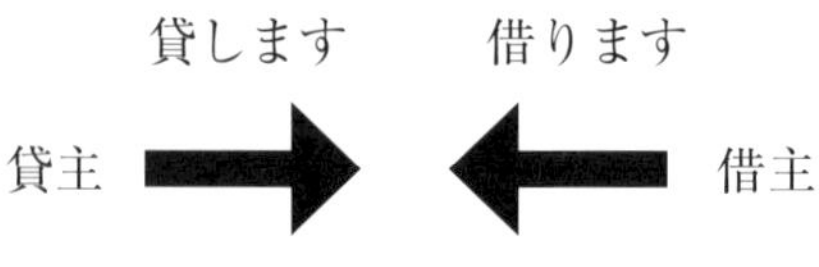

契約が成立すると、両者に権利と義務が発生する。売買契約の場合には、売主には売買の目的となった物を買主に引き渡す義務が発生し、買主には、売主に代金を支払う義務が発生する。義務と権利は、表裏の関係であり、一方にとって義務は、契約の相手にとっては権利となる。「目的物を引き渡す」ことは、売主にとって義務だが、買主にとっては、目的物引渡請求権という権利となる。「売買代金を支払う」ということは、買主にとって義務だが、売主にとっては、売買代金請求権という権利となる。

もし、当事者の一方が契約で発生した義務を果たさなければ、国家は、民事裁判手続を経て、義務を果たすように促し、もしそれでも義務者が義務を履行《りこう》しない場合には、最終的には強制力を働かせる。

例えば、売買契約において、買主が、契約で定められた売買代金を支払わなければ、売主は裁判を起こして、買主に対して「金○○円を支払え」という判決を獲得する。それでも買主が売買代金を支払おうとしなければ、法で定められた強制執行の手続きを取って、買主の財産を差し押さえ、強制的に代金を回収することもできる。

このように、契約は、権利義務を発生させ、国家がその実現を支援する特別な約束なのだ。

3 契約は自由だ！ ～契約自由の原則

1 契約自由の原則って何？

君が「おにぎりを食べたい」と考えたとする。そのとき、どのコンビニで買うのか、どのおにぎりを買うのかを、君は自分で決めて、購入をしているはずだ。誰かから、「君はA店で、梅おにぎりを買わなければならない」などと強制されることはない。

契約をするかしないか、誰と契約をするか、どのような内容の契約をするかを、自由な意思決定のもとで、決めることができる。これを「**契約《けいやく》自由《じゆう》の原則《げんそく》**」と言う。

契約について基本的なルールを定めた民法では、

第５２１条１項「何人も、法令に特別の定めがある場合を除き、契約をするかどうかを自由に決定することができる。」

２項「契約の当事者は、法令の制限内において、契約の内容を自由に決定することができる。」

と「契約自由の原則」を明記している。

2 なぜ、契約は自由なのか？ ～自由意思の尊重

では、なぜ、「契約自由の原則」があるのだろう？ 誰とどのような契約をしようと自由で、そんなの当たり前じゃないか、と君は思うかもしれない。

確かに、現在は、誰から、どのような商品を買うのか、誰とどのような契約をするのかは、自分の意思で自由に決めることができる。

ところが、つい２００年ほど前までは、人々は自分の意思で、誰とどのような契約をするかを自由に決めることができなかった。

長い間、人々は、領主と領民、君主と家臣といった、共同体における一定の身分関係によって結びつけられ、支配従属関係にあった。支配されている者には、自由はなかった。「これは私のものだ」と誰にでも言える所有権も保障されていなかったのだ。

昔は、身分によって他者との関係、自分の役割が決められていた。それが、近代市民革命を経て、人は、「誰もが自由であり平等」という理念が浸透し、自らの自由な意思によって契約を結ぶことで、自分の人生をどのようにするか選べるようになった。

自由に契約ができるということは、自分を縛《しば》るものは、自分の意思だけという意味でもある。自分の意思で、他者と契約をしたことは、自分にとって守るべきルールとなる。

「身分から契約へ」という有名な言葉がある。イギリスの法学者ヘンリー・メーンが述べた

言葉だ。自らを規律するものが、身分ではなく、契約になったことをあらわしている。

近代市民法では、従前の身分制、奴隷制を否定した。「個人は自由であり、平等である」とした。個人を縛るものは、身分ではなく、その個人の自由な意思によって決められたものとなった。「身分」は他律的であり、その人の意思とは無関係に決められるものである。他者任せだが、意思決定に責任は生じない。

これに対して、「契約」は自律的であり、その人の自由な意思によって決められる。自分で決められることの裏返しとして、自分で決めたことに責任が生まれることになった。

3 国家が市民の自由を尊重するという意味は？

自由というのは、国家が規制しない、介入しないという「**国家からの自由**」を基本とする。その結果、国家は規制、介入を控《ひか》えめにして、市民の間の自由にゆだねるのを基本的な立場とする。

市民間の契約の場面においても、国家は、市民の自由を尊重することから、国家の介入は控えめになされ、なるべく介入せず、市民の意思決定に任せておくという立場になる。

近代国家においては、国家が、市民に自由を保障するとともに、市民を平等に扱うことも重要な要素だ。

近代における市民の平等とは、人々が自由な意思のもとに自分の生き方を選択できる主体として市民を平等に扱うことを意味している。対等な当事者の自由な意思決定に基づいて、契約がなされた以上、その契約を国家は尊重する。

国家が、市民の自由意思を尊重し、市民が決めた契約を、国家の都合で、規制したり、無効にしたりしないということから「契約自由の原則」がとられている。

契約自由の原則を、国家と市民との関係でとらえるならば、次のようになる。

①国家は、当事者の意思で決めた契約が、任意に履行されない場合（当事者が契約を実現しない場合）に、履行を支援する。

②国家は、当事者の間で、トラブルが発生し、当事者の話し合いで解決できない場合に、法を用いて解決の支援を行う。民事裁判手続を整備して、法の適用による解決をはかる。

民事裁判手続の場合でも、国家は、当事者の意思を尊重しながら行われる。例えば、民事裁判では裁判所が判断する「判決《はんけつ》」だけではなく、裁判の当事者の合意によって裁判が終了する「和解《わかい》」もある。自由と平等の理念から、当事者の意思が大切にされ、国家の介入は控えめになる。

では、なぜ個人の自由を尊重するとしたのだろうか？　自由が大切って言うけれど、なぜ自由が大切なのだろう？

自由の大切さは、自由が保障されている現在の日本社会ではピンとこないかもしれない。自由が奪われた社会、自由がなかった社会で生きることを想像してみよう。

自由に誰とどのような契約をするかが決められない世界は、どのような世界だろうか？君が、Ｂ店で、明太子おにぎりを買って食べたいと思っていても、国家から、「あなたはＸ店でコッペパンしか購入できません」と強制されたらどうだろうか。また、君が、Ｙ社で飲食店のアルバイトをしたいと思っていても、国家が、「あなたは、Ｚ社で、引越のアルバイトをしなさい」と強制したらどうだろうか。

自分の意思で決められないとしたら、やりきれないだろう。息苦しくて、「自由にさせてよ！」と叫びたくなるに違いない。

契約が自由だといわれても、実際のところ、契約は、相手のある話で、相手の同意が必要だし、お金が関係しているから、全て自分が欲しいものを買えたり、やりたい仕事ができたりするわけではない。

しかし、契約が自由であれば、自分にも契約ができる可能性は開かれている。その意味は、とても大きい。売買契約に関していえば、売買代金を支払えるお金さえあれば、ほぼどのような物も購入できてしまう。

4 自由獲得への闘い

先に話したように、昔の人々には、自由がなかった。人々は、自由を切望し、自由を手に入れるために、多くの犠牲を払ってきた。

絶対王政下のフランスで、自由への強い憧れが、市民革命を引き起こした。またアメリカでは、イギリスの植民地支配からの自由をめざして、独立戦争が起こった。

日本では、大日本帝国憲法の制定、太平洋戦争の敗戦をへて、自由と平等の理念を前面にうちだした日本国憲法が制定された。日本国憲法第97条は次のように規定している。

「この憲法が日本国民に保障する基本的人権は、人類の多年にわたる自由獲得の努力の成果であつて、これらの権利は、過去幾多の試練に堪へ、現在及び将来の国民に対し、侵すことのできない永久の権利として信託されたものである。」

自由を獲得するためには、大変な試練があったのだ。現代の日本では、基本的には、自由がある。契約についても自由だし、どこへ行くのも自由だし、言いたいことも自由に言うこともできる。自分で稼いで得たお金は、自分のものとして自由に使っていい。

さらに、日本国憲法第12条はこう言っている。

「この憲法が国民に保障する自由及び権利は、国民の不断の努力によつて、これを保持しなければならない。又、国民は、これを濫用してはならないのであつて、常に公共の福祉のためにこれを利用する責任を負ふ。」

すなわち、憲法が自由を保障しているからといって、安住することなく、国民一人ひとりの不断の努力によって、自由を守らなければならない。裏を返せば、自由は、当たり前のものだと、放っておいたら、なくなってしまうかもしれないのだ。

4 契約自由の原則の修正

1 なぜ修正をする必要があるのか？ ～実質的な自由と平等を確保するために

近代国家では、全ての市民は、対等であって、市民が決めたことは尊重するという考え方を出発点にしている。国家は、契約当事者が決めたことを尊重し、契約を無効にしたり、契約の内容を規制したりすることはしないのが原則である。

契約自由の原則は、個人の財産保有を保障した所有権絶対の原則（45ページ参照）とあわせて、市民どうしの契約・取引を活性化させ、資本主義経済の発達を促した。その結果、財力、知識、情報などが一部の者に集中し、大きな格差が発生した。

資本家といわれる資本（不動産やお金といった生産の元手になるもの）を持ち強い立場の者は、資本を持たず自らの労働力を提供していくしかない労働者との関係で、「契約自由の原則」のもと、過酷な労働条件、低賃金で働かせるようになった。自由な経済活動を行った結果、事実上弱い立場にある人々の健康や生命、尊厳を侵害するような不公平・不公正な取引が横行するようになってしまった。

強者にとって有利な契約をおしつける

	企業（強者）	個人(弱者)
消費者契約	事業者	消費者
労働契約	使用者	労働者

国家から保障されたはずの自由は、実際には、一部の資本家にしか享受されず、多くの人々にとっては、自由は存在しなかった。生活するためには、資本家が出す条件のままに、契約をするしかなかった。

対等な立場で、それぞれが自由な意思決定のもとに、契約ができるはずの理想は、実際には、対等でなく、自由な意思決定もできずに、強い者の言うとおりの条件の契約に従うしかない不自由で、不平等なものとなった。

現代の日本社会においても、実際上は、大企業と個人、専門業者と個人、と対等ではない。もし形式的に対等だとしても、資本力のある大企業や専門業者等の意のままに、個人を拘束し、個人の自由が保障されない事態となる。大企業にとって有利な契約を、個人は受け入れるしかなくなるのだ。

人は全て平等で対等とする原則に、現実の格差をふまえて、大企業と個人の双方が実質的に対等になるように、一定の修正を加える必要がある。国家による規制と介入だ。それは、弱い立場の人たちに、実質的な意思決定の自由を確保するためのものだ。

先に見たように、形式的な自由の保障は、かえって不自由な状態を生んだという皮肉な結果となった。そこで、法や国家の適切な介入によって、実質的な自由や平等を修正する必要がでてきた。形式的な自由を原則としつつも、修正は必要となった。

本来、当事者間の自由にゆだねられていた契約について（どのような契約をするのか、どのような情報提供をするのか、どのような形式で契約を締結するのかなど）に国家が一定の規制をする。そこで強い者に対して、契約をする際には、「○○をするように」と制限（制約）をつける。

例えば、業者が、商品の情報をきちんと提供しなければ消費者は取り消せる（契約の拘束力から逃れられる）とした。自由の原則を修正する場面はいくつかあるが、大きなところで、「消費者《しょうひしゃ》契約《けいやく》」と「労働《ろうどう》契約《けいやく》」だ。

2 消費者契約

消費者契約とは、消費者と事業者との間で締結される契約をいう。「事業者《じぎょうしゃ》」とは、法人や個人でも事業のために契約の当事者となる場合の者をいい、「消費者」とは、事業者以外の個人をいう。販売業者が事業者で、そこから消費のために物品を購入する者が、消費者だ。

	消費者		事業者
情報量	少ない	⟷	多い
交渉力	弱い	⟷	強い

第6章で、詳しく話すが、形式的な自由の保障で、国家が規制や介入をしないと、強者である事業者に一方的に有利な契約がなされてしまい、消費者が被害を受けてしまう。実際に、消費者契約法が制定される前には、消費者被害は多く発生していた。

事業者と消費者には情報格差があることをふまえて、消費者が適切な意思決定ができるように、法は、事業者に対して、適切かつ十分な情報を提供するように求めた。例えば、

不実告知取消《ふじつこくちとりけし》：事業者は消費者に対して、嘘の情報を伝えてはならない

不利益事実不告知取消《ふりえきじじつふこくちとりけし》：事業者は消費者に対して、不利益な事実（例えば、隣に高層マンションが建築される予定）をきちんと伝えておかなければならない

とした。もし、事業者が、契約締結に際して、このルールを守らなければ、消費者側は、契約を取り消せるとした。

不実告知や不利益事実不告知があるような場合には、実質的に、消費者は自由な意思決定ができない状況での契約となっている。消費者契約法は、そのような個人の自由な意思決定ができない状況での契約について、消費者側に、契約の拘束力からの解放を認めた。

それは、法によって、個人の選択権や意思決定の基盤や環境を整えようとするものであり、実質的な契約自由の原則を回復しようとするものである。

3 労働契約

使用者（会社）と労働者では、使用者側が、圧倒的に強い立場にある。労働者は、使用者に労働力を提供し、かわりに賃金を得て、その賃金で生活をしている。労働契約は、労働者にとって生活の基盤となる契約だ。もちろん、労働者は、別の会社に勤めることができるが、実際に、仕事先を確保することは容易ではない。もし、契約の内容を自由に決められる場合には、使用者側で、低賃金、長時間労働と好きなように条件を決めて、「これで嫌なら別のところでどうぞ」と言われても、労働者としては、低賃金、長時間労働といった労働条件がどんなに悪くても「生活していくためには」使用者が言うとおりの条件で、労働契約を結ばざるを得ないことになる。

また、契約自由の原則からは、労働契約の内容として「使用者は、いつでも労働者を解雇できる」としていれば、使用者は、あらかじめそのような契約条項を定め、自由に解雇をするだろう。労働者は、それでも生活をするために、使用者に一方的な有利な条項であっても受け入れるしかない。

使用者と労働者は、対等ではなく、圧倒的に使用者が強いのが現実だ。そこに、「契約自由の原則」を形式的に適用しても、実質的には、使用者だけの契約自由で、労働者にとっては、契約自由ではない。極端なことを言えば、飢え死にしたくなければ、使用者が提示した過酷な労働条件の契約を受け入れるしかないのである。

しかし、それでは、労働者の人権が守れない。自由と平等をめざした国家が、現実には、不自由と不平等をもたらしてしまう。そこで、「実質的な自由と平等」を確保するために、国家が、労働契約を規制し、介入する。

労働基準法、労働契約法、最低賃金法等の労働法を作り、国家が賃金や勤務時間等の労働条件について規制している。これは、使用者に一定の義務を課して、労働者の保護をはかろうとするものだ。

例えば、最低賃金法では、賃金について、最低賃金を定め、使用者は、最低賃金以下の労働契約をしてはならないと定められている。

労働基準法では、労働時間について、基本的な労働時間は、週40時間以内とし、それ以上労働させる場合には、協定を結びかつ賃金が割り増しされた残業代を、使用者は労働者に対し、支払わなければならないとされた。

また、労働契約法では、使用者からの労働契約解消（解雇）について、「解雇は、客観的に合理的な理由を欠き、社会通念上相当であると認められない場合は、その権利を濫用したものとして、無効とする。」（労働契約法第16条）と厳しい制限を加え、使用者が好き勝手に、労働者を解雇できないようにしている。

5　契約自由の原則のなかま　～自由と平等を支える私法の原則

契約自由の原則は、自由と平等を理念とした近代市民法の原則である。近代市民法の原則は、契約自由の原則だけではなく、「権利《けんり》能力《のうりょく》平等《びょうどう》の原則《げんそく》」、「所有権絶対《しょゆうけんぜったい》の原則《げんそく》」、「過《か》失責任《しっせきにん》の原則《げんそく》」がある。近代市民法の理念では、全ての個人を平等なものとして扱えば、あとは各人の自由に任せて置く方がよい、国家は介入しない方がよいというスタンスをとる。

この4つの原則は、自由と平等の理念から導かれ、相互に関係しながら、法の解釈や適用の基本となっている。契約について理解する上でも重要な原則だ。

1 権利能力平等の原則

1）権利能力平等の原則とは？

「権利能力平等の原則」とは、全ての人が等しく権利の持ち主となる資格を有するとする原則を言う。民法は、「私権の享有《きょうゆう》は、出生に始まる。」（民法第3条1項）と定め、権利能力平等の原則を明らかにしている。生きていれば、人である限り、だれもが権利能力者となる。人の中で、身分や性別、年齢によって、権利能力がある者と権利能力がない者とがいることはなく、全ての人が、人というそのことだけで、誰でも権利能力が等しく認められる。

権利能力平等の原則は、全ての人は等しいという、平等の観点から導かれるものである。

全ての個人をその資格において平等なものとみなすことができれば、あとは各人の能力や努力による自由な競争に任せておく（契約自由の原則）。そして、能力にすぐれ、努力を惜しまなかった人が、自分の働きの結果として得た財産は、その人のものとして保障する（所有権絶対の原則）。このように権利能力平等の原則は、契約自由の原則、所有権絶対の原則とつながっている。

「全ての人が等しく権利の持ち主となる資格を有する」という権利能力平等の原則は、当たり前のことのように思えるが、当たり前ではない。

近代国家前の社会において、人は支配する人と支配される人と区別され、支配される人は、支配される客体（対象）として扱われ、権利の主体とはならなかった。

奴隷制度のもとでは、奴隷は、商品すなわち権利の客体とされ、権利の主体とはされなかった。奴隷に権利能力はなかったのだ。

ところで、ペットの犬や猫、亡くなった人、ロボットには権利能力がない。権利能力がなければ、権利者となることはできない（だから契約を結ぶことはできない）。将来、人工知能が発達し、感情を持つロボットが生まれたら、将来、「ロボットにも権利能力が認められる」ということになるかもしれないが、今はロボットに権利能力はない。

生きている人とは別に法が権利能力を認めたものがある。「**法人**《ほうじん》」だ。会社や学校法人、財団法人等で、一定の法律上の要件を満たしたときにだけ、権利能力者となれる。

2）契約に必要な能力　～権利能力、意思能力、行為能力

権利能力は、契約にとって必要な能力だが、権利能力だけでは、契約を一人で結ぶことはできない。意思能力、行為能力が必要だ。いったい、どういうことなのか？

「**意思能力**《いしのうりょく》」とは、自分で意思表示をして契約できる能力だ。幼児や酩酊状態の人、重い精

神障害者は、意思能力がない。意思能力がなければ、契約することができない。表向きに、契約らしきものがあったとしても、無効となる。例えば、酷く酔ったサラリーマンが、おだててくれた部下に向かって「君はいい奴だ。１００万円をあげよう」と言っても、その贈与契約は無効になる。

一方、「**行為**《こうい》**能力**《のうりょく》」とは、契約などの法律行為を単独でできる能力だ。未成年者や認知症などで成年後見人をつけた被後見人は、行為能力が制限される。行為能力が制限されている者が一人でした契約は、原則として取り消すことができる。

なぜ、行為能力を制限しているのだろう？

未成年者や成年被後見人は、適切に意思決定をして、契約をすることが難しい。そのため、業者のいいなりになって、不利益な契約を強いられる可能性がある。不必要な契約を締結させられ、不当に代金をとられる可能性がある。未成年者や成年被後見人を保護するために、行為能力を制限しているのだ。

2 所有権絶対の原則

所有権絶対の原則とは、物の持ち主は、その物を自由に扱うことができるという原則のことだ。国家は、所有者が所有物を自由に使用・収益・処分する権利を保障する。市民がその生活の基礎となるべき財産権を保障する。

日本国憲法第29条は「財産権は、これを侵してはならない。」と個人の財産権を保障している。

契約は、価値の交換である。売買契約なら、売主は、商品を渡すかわりに、代金をもらう。買主からすれば、代金を払うかわりに、商品を受け取る。売主と買主の間に、そのような合意があり、それに拘束される。

売買契約によって商品を移転させることができるのは、お店がその商品の所有者であることが前提になっている。所有しているから、誰かに売ることができる。

所有しているって、どういうことだろう。自分のものってどういうことだろう。

君の机の上に、国語辞典がある。それは、君が書店から買ったものかもしれないし、お父さんからもらった物かもしれない。君は、その辞書が自分のものであると思っている。しかし、「自分のもの」ってどういうことだろうか。

君は、この辞書を使うことができる。線を引くこともできたり、折り曲げたりすることもできる。辞書本来の使い方ではないが、枕にすることもできる。また、君は、その辞書を友達に貸すことができる。辞書なら普通はお金をとらないでタダで貸すが、友達と交渉して１日１００円で貸すこともできる。

さらに、君は、この辞書を誰かにあげたり、売ったりすることもできる。新しい辞書を買っていらなくなったので、捨てることだってできる。誰かに、辞書を取られたら「その辞書を返してくれ」と言う権利もある。辞書が汚されたら、損害賠償を求める権利もある。「所有権」があるというのは、目的となった物に対して、「自分の意思に従って、自由に、排他的に、使用、収益、処分する権利」があるということだ。「所有権絶対の原則」と呼ばれ、所有権には国家から強い保障が与えられている。

所有権があるということは、物に対する価値をガチッと把握しているということだ。いま、お店から何か商品を買おうとしているときには、お店の物だという信頼がある。このときお店に所有権があって、お店がその商品に対して「排他的に、使用、収益、処分する権利」があると信じているからこそ、お金を出して、商品を買おうと思う。

もし、その商品について、お店に権利がなかったり、あいまいな権利だったり、制限されている権利だったら、怖くて買えないだろう。つまり、契約（＝価値の交換）をすることができなくなる。所有権が強く保障されていることが前提となって、契約も、安心してできることになり、取引が活発となる。

所有権の保障は、契約自由の原則とあわせて、資本主義経済を発展させたのだ。

3 過失責任の原則

過失責任の原則とは、故意や過失による行動で、他人に損害を与えてしまった場合には、その損害を賠償する責任を負うとする原則だ。逆にいえば、過失がなければ、損害が発生したとしても責任を負わなくてよい。私人には、契約だけではなく、行動についても自由が保障されている。

しかしながら、その反面、自らの故意（意図的に）または過失（不注意）による行為によって、他者に損害を与えてしまった場合には、損害賠償等の責任を負わなければならない。「自由に動いてもいい。しかし、その不注意による行動によって生じた結果の責任は、取る必要がある」というわけだ。こうすることで、私人に必要な注意を払うことを求めつつ、私人の自由な経済活動を保障するという意味もある。

6 契約の基本的ルールを定める法とは？ ～民法のはなし

1 そもそも法って何？

契約の基本的ルールを定めているのが「民法《みんぽう》」だ。民法には、どのような役割があるのだろう。民法も法の一つだが、そもそも、法って何だろう？

社会には、ルールがある。「〇〇すべし」というものであふれている。ルールを「**規範**《きはん》」という。規範には、法の他に、道徳や慣習といったものもある。「親孝行をしなさい」「年長者を敬いなさい」というのは、道徳だが、法ではない。規範の役割は、いろいろな人がいる社会において、人に一定の行動指針を与え、秩序を保とうとするものである。法も規範の一つだ。

法が、道徳といった規範と異なるのは、国家との関係が問題となってくる。法に違反したときに、国家による強制力が働くことが特徴だ。

人を殴って怪我をさせれば、傷害罪として、国家から罰金や懲役といった処罰を受ける可能性があるし、被害者から、損害賠償請求を受けて、賠償責任を負い、もし賠償しなければ、財産を差し押さえられて、強制的に賠償をさせられる可能性もある。

法とは、いろいろな人々が暮らす社会において、人々が共生していくための相互尊重のルールだ。人々の行動指針となり、人々を豊かにするためのものであるといえる。そのために、国家が法を定め、法を適用し、時には、強制力をもって、法で認められた権利を実現しようとする。

法の背景には、法が実現したい個人の尊重、自由、平等、公正などの基本的な価値がある。また、法に基づき、公正な手続きを通じて、紛争を解決するためのしくみとして司法制度が存在する。

2 法の役割・機能

契約についてのルールを定める民法は、当事者の意思を尊重し、当事者間で決めたことが、実現できるように支援し、市民の自由な活動を促進する機能がある。これを「活動促進《かつどうそくしん》機能《きのう》」という。さらに、民法には、契約当事者の間でトラブルになったときに解決方針を示す「紛争解決《ふんそうかいけつ》機能《きのう》」もある。

法には、民法以外にも刑法や民事訴訟法、刑事訴訟法、労働関係の法律等があるが、どのような役割があるのだろうか。

法は、大きく４つの役割・機能があるといわれている。

①社会統制《しゃかいとうせい》機能《きのう》　②活動促進機能　③紛争解決機能　④資源配分《しげんはいぶん》機能《きのう》

1）社会統制機能

法は、犯罪などの社会秩序を乱す行為に対して、刑罰を科すと定め、社会秩序を守ろうとするものだ。犯罪と刑罰を定めた刑法がそれだ。

例）刑法第１９９条「人を殺した者は、死刑又は無期若しくは5年以上の懲役に処する。」

人を殺した者に対して、刑罰を与える、ということは、裏を返せば「人を殺すな」という命令を国民に与えているものでもある。刑罰を背景にして、他者に危害を与えないよう人の行為を規制し、国民の安全、社会秩序の維持を図ろうとするものだ。

2）活動促進機能

法は、所有権を保障し、契約など私人の自由な活動のためのルールを示すことで、私人の活動や利害調整を促進している。

例えば、民法は、所有権を保障し、所有権者は、所有物を自由に使用・収益・処分してよいと規定するが、このおかげで所有者は、所有物を活用して、自由な経済活動をすることができる。

3）紛争解決機能

法は、社会における紛争予防の役割を果たす一方で、具体的な紛争が発生した場合に備えて法的紛争解決の基準や裁判所による紛争解決手続についてのルールも定めている。

例えば、民法では、騙《だま》されて契約をするという意思表示をした場合には、詐欺取消しができると定めている。（民法第96条）

４）資源配分機能

法は、生活環境、教育、社会保障、保険などによる公的なサービスの提供や財の再配分の機能も果たしている。

この４つの機能のうち、民法は、主に活動促進機能と紛争解決機能があるが、不法行為に損害賠償責任を認め、公序良俗に違反する契約は無効にするなど、社会統制機能の役割もある。

３ 法の中での民法の位置づけ

１）民法は私法である

法は、その対象から、大きくわけて、公法《こうほう》と私法《しほう》とがある。

「**公法**」とは、国家や行政と国民の関係などを規律する法で、行政が国民の活動を制限したり、サービスを給付したりするためのルールである。いわば、国家と国民の「縦の関係」の規律を定める。憲法、刑法、行政法、刑事訴訟法、民事訴訟法等がこれにあたる。

公法は、国家権力行使のルールを定めて、秩序を維持しつつも、国民の自由を保障する。国民を平等に扱う。国家が国民の自由と平等を保障することを大前提とする。

例えば、法律で定められた犯罪行為を行えば、どのような人でも法に従って、処罰される（平等）。また、法律であらかじめ定めのない行為で処罰されることはない（罪刑法定主義《ざいけいほうていしゅぎ》、刑法は、社会秩序の維持とともに、国民の自由を保障している）。

「**私法**」とは、個人間の売買や貸借、会社の取引などの経済生活や、夫婦、親子などの家族関係を規律する法で、民法や商法等がこれにあたる。いわば市民間の「横の関係」を規律する。

私法の役割は、私人間（企業どうしや、企業と個人間、個人どうし）で取り決めたことの権利の実現、私人間のトラブルの調整と市民間で決めていないことについて、どうするかの指針となるものである。

※「私人」とは、国や地方公共団体のような公権力以外の者をいう。個人に加えて、企業も私人である。

公法では、国家が国民の自由や平等を侵害しないように、自由の保障を前提とする。私法も私人の意思を尊重し、私人間の取引について、国家としては、積極的に規

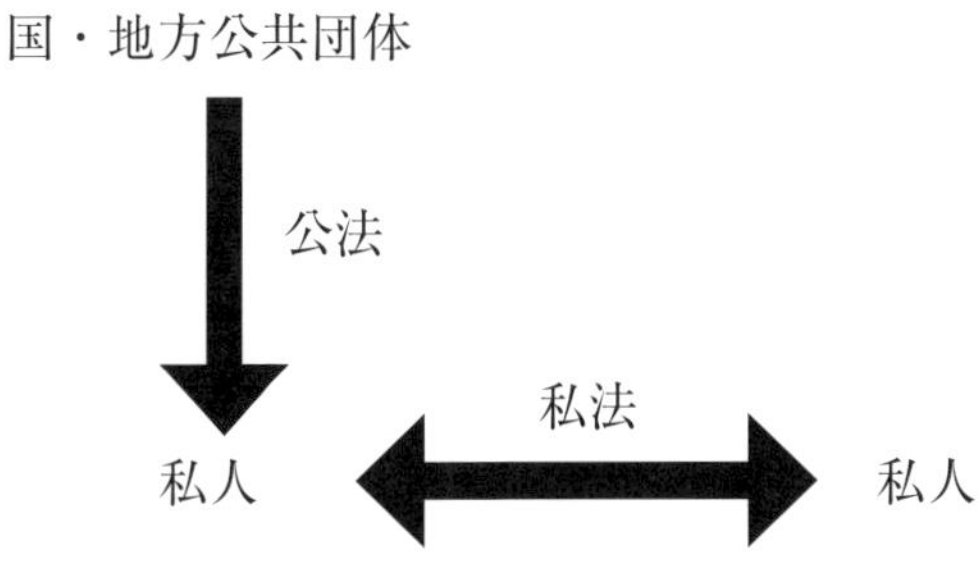

制や介入をするのではなく、私人の自由にゆだね、私人間が決めたことを尊重するというスタンスをとる。これを「**私的自治**《してきじち》**の原則**《げんそく》」という。

しかし、実際は私人間が対等でなく、弱い立場の私人に自由が保障されていない現実がある。そこで、国家が法で規制することで、実質的な自由と平等を保障しようとする。実質的な自由や平等を保障するために定められたのが「**社会法**」だ。社会法には、労働基準法、生活保護法、消費者基本法などがある。

2）民法は私法の「基本法」である

契約について定めているのは民法だけではない。民法のほか、消費者契約法《しょうひしゃけいやくほう》、商法《しょうほう》、借地《しゃくち》借家法《しゃっかほう》、労働契約法《ろうどうけいやくほう》もまた契約について定めている。

民法は、契約についての一般法として、契約の基本的事項を定めている。しかし特定の契約関係については、民法の規定をそのまま適用すると不都合が生じることから、修正を加える特別法として、商法や消費者契約法等が存在する。

民法は、私人の日常生活に関する財産関係と家族の身分関係の一般原則を定める法だ。商法は、商人の商取引に関する民法の特別法だ。企業間の商取引では、大量に反復継続して行われ、迅速な処理も要求されることから、それに対応した法規制となっている。

○第1章の問いかけ

□私たちは、なぜ契約をしているのだろう？

□契約と約束とは、何が違うのだろう？

□なぜ、「契約自由の原則」が保障されているのだろう？

□「契約自由の原則」が修正される場合とは、どのような場合だろう？

□私法の四つの原則とは何だろう？　なぜ原則とされているのだろう？

□法の役割って何だろう？　民法の役割って何だろう？

□法には、公法、私法、社会法があるが、それぞれの特徴は、何だろう？

第2章

どのような契約があるのだろう？

～契約の種類

飲み会の席で「ボクのこの時計お前にあげるよ」と

つい酔っぱらって言ってしまった。

翌日、「きのうのことは冗談だよ」 これってあり？

契約といえば、コンビニで商品を買う「売買契約」、アパートを借りる「賃貸借契約」を思いつくかもしれないが、契約はそれだけではない。様々な契約がある。契約にはどのようなものがあるのだろう？

民法には、13の契約が定められている。これらを典型契約《てんけいけいやく》というが、それ以外の契約を定めるのも自由だ。法に定めのない契約を、非典型契約《ひてんけいけいやく》という。

民法の定める13の典型契約のうち、主な9つの契約を紹介しよう。大きく3つの型

①財産権移転型《ざいさんけんいてんがた》 ②財産権利用型《ざいさんけんりようがた》 ③労務提供型《ろうむていきょうがた》 に分けられる。

1 財産権移転型：財産権を移転するタイプ（贈与、売買、交換）

1 贈与契約

贈与契約とは、自分が持っている財産を無償《むしょう》（つまりタダ）で、相手に渡す契約のことだ。

例）Aが、Bに対して、自分が持っているZ社の時計を無償であげることをBと約束した。

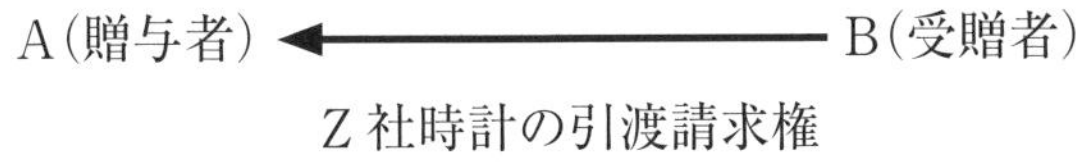

・契約の結果、ＢがＡに対して、Ｚ社の時計を引き渡すように請求できる「債権」が発生する。

・反面、ＡはＢに対して、Ｚ社の時計を無償で引き渡す「債務」を負担する。

債権債務はひとつであり、ＢからＡに対する時計の引渡請求権のみだ。

贈与契約のように、契約当事者の一方だけが債務を負担する契約を「片務契約《へんむけいやく》」という。売買契約のように契約当事者双方が債務を負担する契約を「双務契約《そうむけいやく》」という。

贈与も契約だ。つまり、贈与したい人の一方的な意思で決められずに、相手の「受け取ります」という意思表示の合致をもって、贈与契約が成立する。

ある若者が、恋する女性に、花束をプレゼントしようと、花束を差し出したところ、彼女が、手を差しのばして花束を受け取れば贈与契約が成立し、「いらない」と断れば、残念ながら贈与契約は成立しない。押しつけるわけにはいかない。

契約には拘束力が生じるが、贈与の場合、少し緩い。お酒を飲んで気が大きくなったときなどに「君に○○をあげるよ」と言ってしまうこともある。またもらう側に負担はなく、口頭で言われた段階ではその信頼の保護の必要性もそれほど高くない。そこで、民法第５５０

条は、「書面によらない贈与は、各当事者が解除をすることができる。」と贈与の撤回を認めている。

ただし、実際に物をあげてしまった後には、撤回ができなくなる。

2 売買契約

売買契約とは、売主が目的物の財産権を買主に移転し、買主がこれに対してその代金を支払うとする契約のことだ。商品を購入して、代金を払うというもので、一番なじみのある契約だろう。コンビニで買い物をすること、ネットショップで買い物をすることといった代金を支払う多くの場面が「売買契約」だ。売買契約では、「売ります」「買います」の意思表示の合致によって、双方に債権と債務が発生する。

例）Aが自己所有のX社の中古時計を、１万円で、Bに売った。

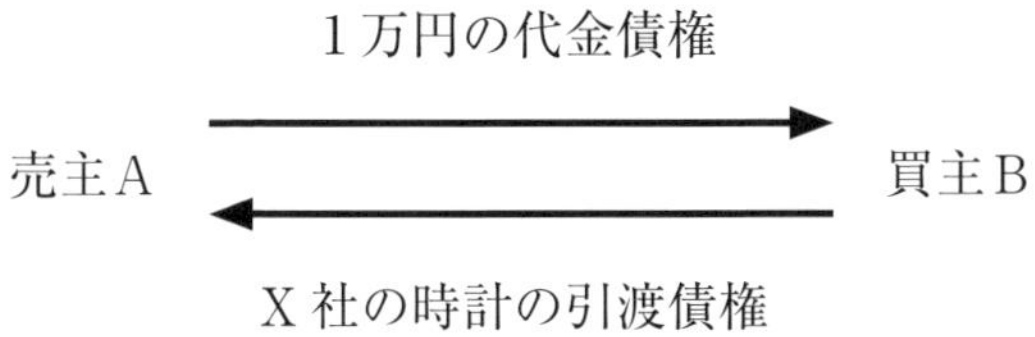

3 交換契約

交換契約とは、当事者がお互いにお金以外の所有権以外の財産権を移転することを約する契約のことだ。いわゆる物々交換だ。

例）Aが所有するX社の中古時計とBが持つZ社のネックレスを交換することを約した。

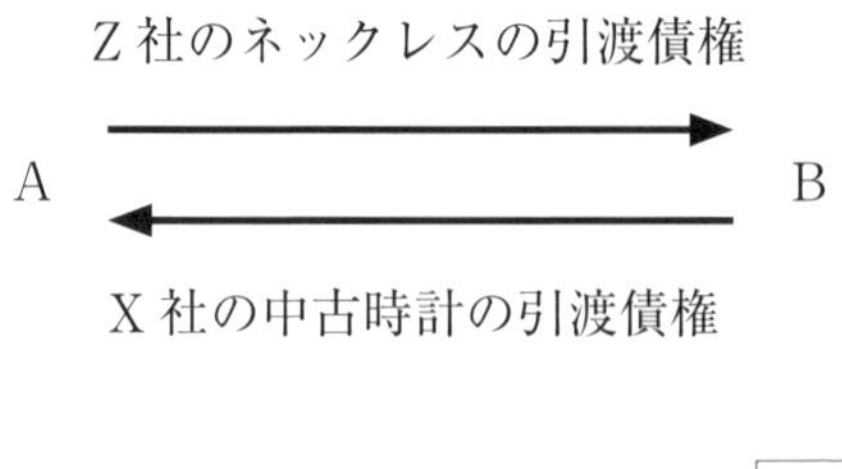

2　財産権利用型：財産権を利用させるタイプ（消費貸借、使用貸借、賃貸借）

1 消費貸借契約

消《しょう》費《ひ》貸借《たいしゃく》契約《けいやく》とは、借主が、貸主から借りた物を消費した後、同種・同等・同量の物を返すという契約だ。

お金を借りて、利息を付けて返すという利息付き金銭消費貸借が典型例だ。

Ａ金融会社からＢは１００万円を借りた。Ｂは、期限までに元金１００万円に利息をつけてＡに返済をしなければならない。

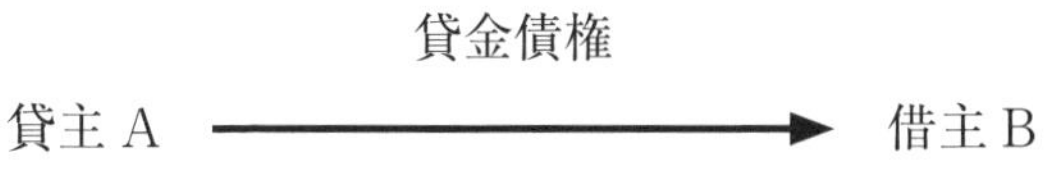

2 使用貸借契約

使用貸借契約《しようたいしゃくけいやく》とは、借主が無償で使用及び収益をした後に返還することを約して貸主からある物を受け取ることを内容とする契約だ。「無料で物を借りて、利用して、返す」というものだ。例えば、君が友人からマンガ本を無料で借りて、読み終わったら返すという約束をしたら、それは使用貸借だ。借主は、貸主に対して、賃料を支払う必要はないが、使い終わったら、きちんと借りた物を貸主に返すという債務を負っている。

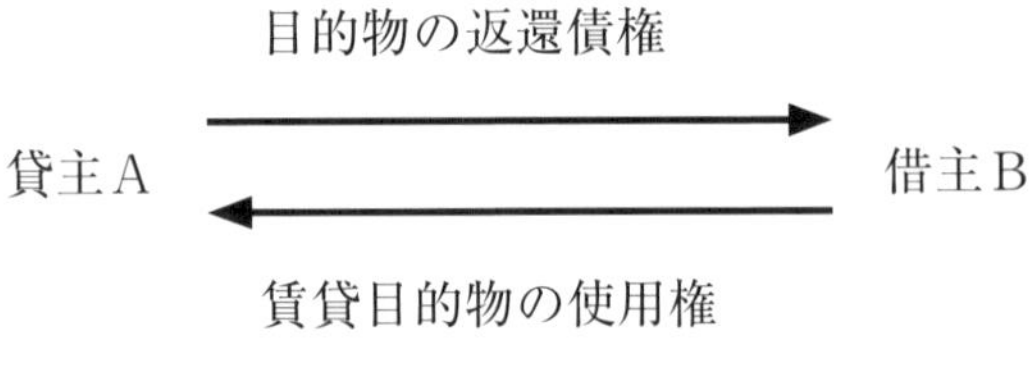

3 賃貸借契約

賃貸借《ちんたいしゃく》契約《けいやく》とは、貸主がある物の使用及び収益を借主にさせることを約し、借主がこれに対してその賃料を支払うことを約することを内容とする契約だ。

アパートを借りて、貸主に家賃を払うのが賃貸借契約の典型例だ。借主の債務としては、定められた賃料をきちんと払うことだが、定められた用法に従って使用し、契約終了時にアパートから退去して、明け渡すという義務もある。例えば、居住用のアパートで、お店を開くことは、用法義務違反となるし、故意過失で部屋を壊してしまうと損害賠償責任も負う。

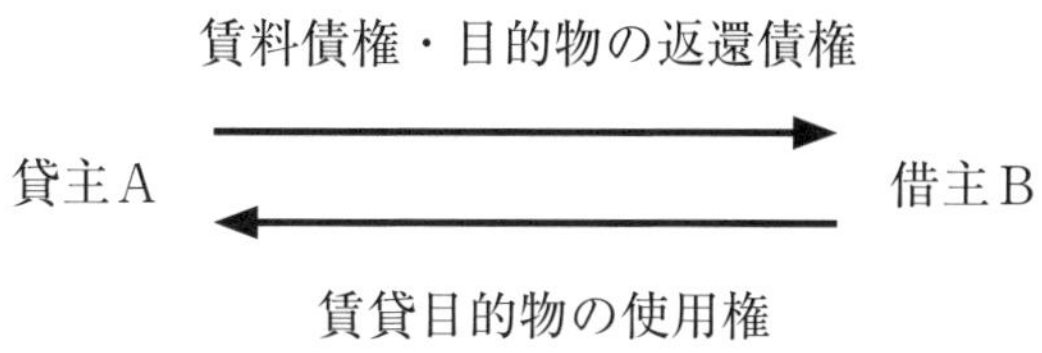

3 労務提供型：労務を提供するタイプ（雇用、請負、委任）

1 雇用契約

雇用契約《こようけいやく》とは、労働者が使用者に対して、労働に従事することを約し、使用者がその労働に対して報酬を与えることを内容とする契約をいう。会社に勤めて給料をもらう、アルバイトをしてアルバイト代をもらうというのが典型例だ。使用者に指揮監督権があるのが特徴だ。使用者と労働者では、対等ではないので、労働契約法によって、労働者を保護する観点から大幅に修正が図られている。

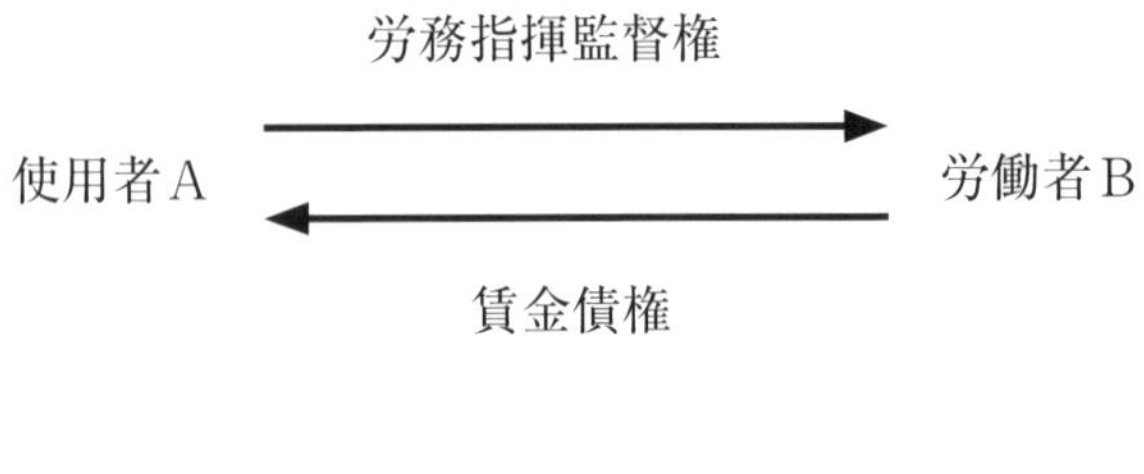

2 請負契約

請負契約《うけおいけいやく》とは、請負人が相手方である注文者に対し、仕事の完成を約し、注文者がこの仕事の完成に対する報酬を請負人に支払うことを約することを内容とする契約をいう。例としては、工務店に家を建ててもらうことなどがある。

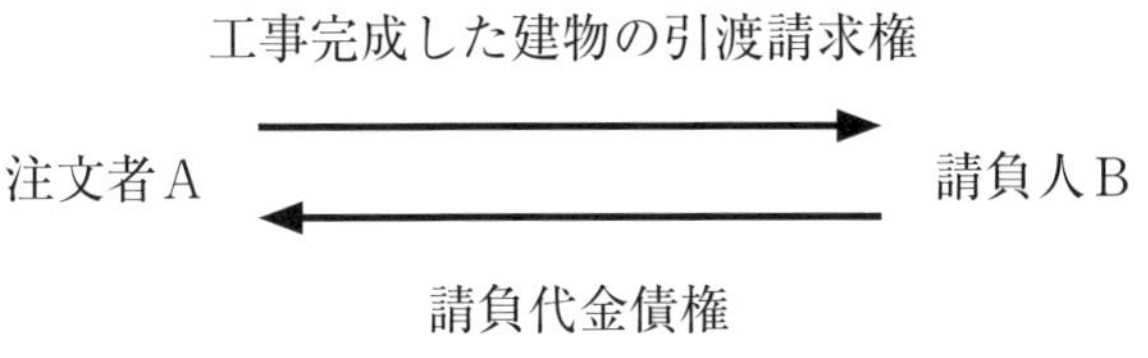

3 委任契約

委任契約《いにんけいやく》とは、委任者が契約等の法律行為をすることを相手方に委託《いたく》し、相手方（受任者）がこれを承諾することを内容とする契約をいう。例としては、弁護士依頼契約、不動産取引仲介契約などがある。法律行為ではない内容の委任は「準委任《じゅんいにん》」と呼ばれる。

無償が原則であるが、実際は、有償（報酬を支払う必要があること）がほとんどだろう。

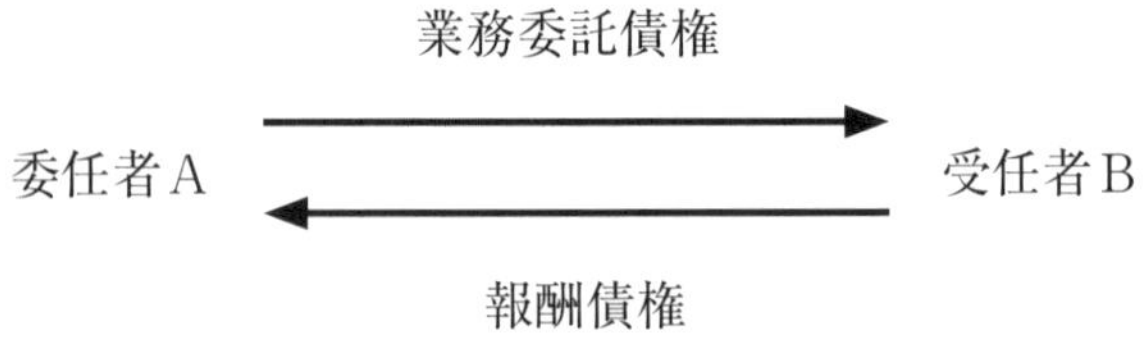

○ **第2章の問いかけ**

□ 契約には、売買契約の他にどのような契約があるのだろうか？

□ 当事者が合意すれば、民法で定められた契約以外の契約もすることができるのは、なぜだろう？

□ 民法が、贈与契約で、書面によらない贈与は撤回できるとしたのは、なぜだろう？

□ 賃貸借契約を結んだ場合、借主の義務とは何だろう？

□ 働いてお金を得る契約には、どのような契約があるだろう？

第3章

契約したら、権利も得るが責任も生じる！

～契約の拘束力のはなし

A「10万円払うから恋敵のCを痛めつけてくれないかな」

B「わかった。やってあげよう」

数日後、BはCを殴りつけボコボコに。Bは約束通り10万円をもらいに行ったところAは支払いを拒否。

「このとき、Bは、契約を根拠に、裁判所に訴えて、Aに10万円を払えと求めることができるのだろうか？」

1　契約の拘束力　契約するのは自由だが、契約すると契約を守る義務を負う

1　契約の拘束力って何？

誰とどのような内容の契約をするか、契約をするかしないかは、自由である。しかし、いったん契約をすると、その契約した内容を守らなければならない。契約をすれば、契約当事者間に一定の法的な権利義務関係が発生する。

契約によって、一定の債務を負担し、その債務の履行が求められる。例えば、売買契約の買主は、契約によって、代金を支払う債務を負担する。もし、契約のとおりに代金を支払わないと、財産の差し押さえを受けて支払いを強制させられたり、損害賠償等のペナルティを受けたりする。

また、いったん契約をすれば、新たな合意（合意解約）もしくは法律上の正当な理由（解除事由）がなければ契約を解消できない。

このように、契約をすれば、契約した内容の実現が求められること、一方的に解約はできないことを「**契約《けいやく》の拘束力《こうそくりょく》**」という。

契約の拘束力は、債務を負担する側にとってみれば、「縛られる」というイメージだが、債権を有する側からすると、国家からの債権実現のための支援を受けられるという意味もあ

る。

2 契約は、契約当事者に法的な権利義務を発生させる

1）法的な権利とは？

契約は、契約当事者間に、法的な権利義務を発生させる。法的な権利というのは、国家によって実現のための支援を受けられる権利のことだ。相手が契約で定めた債務を履行しない場合、国家を通じて、一定の手続きを経て履行を強制することができる。

私法における権利義務の関係は、人と人との関係に生まれる（人というのは会社等の法人も含む）。人と人との間で、トラブルになったときには、誰が誰に対してどのような権利があるのか、義務があるのかという形で、もめ事の解決を考えていく。

すなわち、権利者と義務者が誰で、どのような内容の権利を持っているのかを検討していく。例えば、売買契約の当事者間で、買主が売主に代金を支払わないといったトラブルが起きたときには、売主の買主に対する代金請求権が認められるか、という視点から、検討していく。

2）法的権利には、「債権」と「物権」とがある

この法的権利には、大きくわけて「債権《さいけん》」と「物権《ぶっけん》」とがある。契約は、債権を発生させる。「債権」とは、他人に対して、金銭の支払その他一定の行為を請求できる権利のことだ。売買代金債権や貸金債権のような金銭債権の他に、目的物の引渡請求権もある。

債権を有する者を「**債権者**《さいけんしゃ》」、債務を負担する者を「**債務者**《さいむしゃ》」という。債権は、債権者と債務者との間だけの関係で、第三者に対しては、主張できないのが原則だ。

契約自由の原則のもと、当事者間の合意によって、債権の内容も、民法が定めた典型契約に限られず、原則として自由に決めることができる。

「**物権**」とは、不動産や動産を直接に支配する権利のことだ。不動産というのは、土地や建物といった動かない物、動産というのは、不動産以外の物をいう。

物権の中心は、所有権で、所有物を自由に使用・収益・処分することができる。物権は、目的物を直接に支配するものと考えられるから、その権利を侵害されたら、権利者は、誰に対してもその侵害した者に、妨害排除や返還請求といったことを求めることができる。

物権は、第三者にも影響を及ぼす権利（例えば、自分の所有しているカバンを、見知らぬ誰かが持ち去ろうとしたら、その者に対して、所有権に基づき「カバンを返せ」と返還請求権を行使することができる）ため、法であらかじめ何が物権になるのか、定められている

（「物権法定主義《ぶっけんほうていしゅぎ》」という）。

契約をするということは、契約当事者間に債権債務関係を発生させることだ。例えば、売買契約の場合、売主には売買代金債権、買主には目的物引渡債権が発生する。契約とは、契約当事者間に、債権債務を発生させることによって、その実現を目指すものといえる。

身近な例で、もう少し詳しく説明しよう。

売買契約の場合、売主、買主お互いが債権と債務を持つことになる。

例えば、コンビニA店で、B君がおにぎりを購入した売買契約の場合には、

A店には（代金を払ってもらう債権　おにぎりを引き渡す債務）

B君には（商品を引き渡してもらう債権　代金を支払う債務）

が発生する。

A店は、B君へ売買代金を請求できる債権がある

B君は、A店に売買代金を支払う債務がある

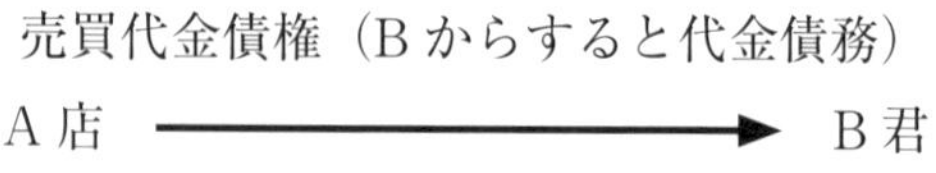

このように、債権と債務は、表裏の関係になっている。A店から見れば代金債権が、B君からすると代金債務になる。

さらに、売買契約では、矢印が双方向（⇅）になっている。


法的に何が言えるのかは、主体と債権・債務で検討する。誰が誰に対して、どのような権利をもち、義務を負っているのかを考えていくのだ。

契約について、考えるときには、人と権利の矢印の図を描いて、「誰と誰との間で、どのような権利が認められるのか」を確認してみるとよい。

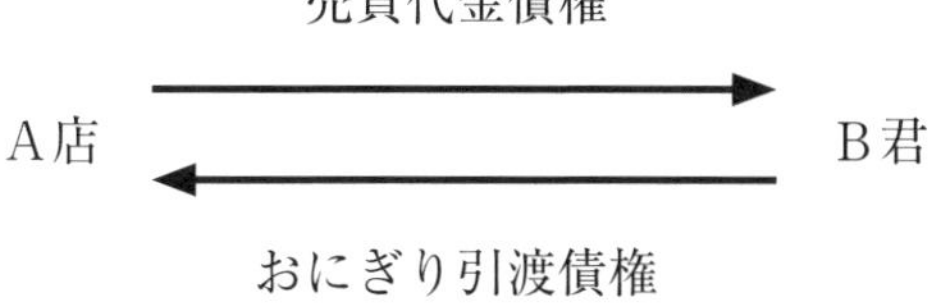

コラム　契約でなくても、権利義務が発生する場合もある　～不法行為

契約以外にも、債権・債務が発生する場合もある。どのような場合だろうか？

典型的なのは、交通事故だ。君が、歩道を歩いているときに、自転車にぶつけられて、転んでケガをした場合、自転車を運転していた人に対して、治療費等の損害賠償請求ができるというのは、感覚的にわかるだろう。

Aが自転車を誤って、Bにぶつけて、Bをケガさせた。
BはAに治療費を請求したい。

このケースでは、BからAへ、損害賠償請求権という債権が発生する。Aは、Bに対して損害賠償債務を負担する。こうして、故意（わざと）や過失（不注意）によって、他人の身体、財産を侵害した者は、損害賠償責任を負う。「不法行為」に基づく責任だ。

不法行為では、契約とは違って、個人の意思決定に基づく債務の発生ではなく、ある者（ここでは加害者）の「行為」によって、債務が発生している。

被害者B ――――→ 加害者A

損害賠償請求権
（Aからすれば、損害賠償債務）

3 なぜ、「契約の拘束力」があるのか？　～拘束力があると社会が豊かになる

契約には、法的な拘束力があるということが、ポイントだ。ふつうの約束であれば、そこに債権債務関係は発生しない。国家が約束違反に介入することもない。デートの待ち合わせの約束を破ったからといって、強制執行を受けることはない（信頼を失い、振られてしまうかもしれないが）。

しかし、契約をすれば、債権債務関係が発生し、契約違反をすれば、国家の強制力を受ける可能性がでてくるのだ。

では、なぜ、契約には拘束力があるのだろうか？　契約に拘束力があることで、どのようなメリットがあるのだろうか？

契約に拘束力があると、契約が守られる可能性がグンと高くなるというのは、感覚的に理解できるだろう。契約ではない約束であっても、自分でそうすると言った以上は、約束を守ろうとするだろうし、相手の信頼を裏切りたくないという意識が働く。

しかしながら、契約の場合は、信頼を守るという内発的な動機だけではなく、強制されたくない、ペナルティを受けたくないという外発的な動機も働く。契約の例ではないが、街にゴミのポイ捨てをしたら、罰金1万円というペナルティがある場合とそうでない場合とでは、ルールを破る人の数は異なるだろう。

強制力が背後にあることで、契約をした以上は、お互いに契約を履行しようと努力するし、相手も守ってくれるだろうと信頼が高くなる。

契約では、初対面の人とも契約をする。契約しようとする相手が、信頼できるかどうか、契約を守ってくれる人かどうかは、簡単にはわからない。それでも、契約した以上、契約に拘束力があれば、相手は契約を守るだろう。もし守ってくれなければ、裁判所に訴えれば、強制ができるだろうという信頼が働くので、契約をすることができるのだ。

もし、契約に拘束力がなければ、その人が本当に契約を守ってくれるのか不安で、契約することをためらう場合も多くなるだろう。

契約に拘束力があることで、自分も縛られるが、相手も縛られる。お互いに縛られることで、お互いに契約を守ろうとする。

そうすることで、契約のとおりに、権利が実現されやすくなる。契約が実現されやすくなると、契約への信頼が高まる。契約への信頼が高くなると、新しく契約をすることもやりやすくなる。これからも契約をしようという気持ちになる。安心して契約をすることができるようになる。契約することに積極的になれる。

契約することに積極的になると、契約・取引が活発になる。物とお金の流れが活発化すると経済が活性化する。そして、社会全体が豊かになる。契約に拘束力があるということは、資本主義経済を発達させる前提にもなっているのだ。

コラム　契約の基礎となる価値　「信義誠実《しんぎせいじつ》の原則《げんそく》」

相手の信頼に応えよう、約束は守ろうという意識は大切だ。契約は、法的な権利義務を発生させ、当事者を拘束する。しかし、その根底には、強制されなくても、お互いに信義誠実に従って、契約の締結や契約の実現につとめて欲しいという法の要請がある。相手との約束は守ろう、約束によって生まれた相手からの信頼に応えようという道義的なことは、法の解釈・適用においても重視される。

民法は、第1条2項で「権利の行使及び義務の履行は、信義に従い誠実に行わなければならない。」と明記している。信義誠実の原則は、直接、法的な権利義務に影響を与えるものではないが、あからさまに信義誠実に反する行為をした場合には、「**信義《しんぎ》則《そく》違反《いはん》**」として、法的な権利義務の存否にも影響を与えることがある。例えば、権利があってもその行使が信義則に違反するとして、認められないこともある。

また、誠実であることは、契約した後だけではなく、契約締結の場面でも大切だ。例えば、相手が適切な意思決定ができるように誠実に情報提供や説明をすることは、後々のトラブルを防止する意味でも必要かつ重要なことである。

4 「契約の拘束力」が及ばない場合、拘束力から解放される場合

「私人が自由意思で決めたことを国家が支援する」ことの裏返しとして「契約の拘束力」が発生する。つまり、「契約の拘束力」の正当化根拠は、「あなたが自分で決めたことでしょ」だ。自らの自由意思による決定、自分が誰かから強制されたわけではなく、自分の意思で決めた以上、契約を守る責任が生じる。

一見、当たり前のように聞こえるが、それだけで「契約の拘束力」を認めていいのか、国家によって権利実現の支援を与えてよいかは、さらに次のような視点、

・契約によって債務を負担している者に対して、その債務の履行を強制させてよいのか
・契約によって債権を有している者に対して、その債権が法的に保護するに値するものなのか

が必要である。

拘束力があるのは、自ら下した意思決定を根拠にしているのだが、もし、その意思決定に

問題がある場合には、拘束力を及ぼす理由がなく、拘束力からの解放が認められる。騙され（詐欺）たり、おどされ（強迫）たりして言った「買います」といった意思表示に、契約の拘束力を及ぼすのは、可哀想だと思うだろう。民法は次のように「意思表示に欠陥がある場合」には、取消しを認めている。

民法第96条「詐欺又は強迫による意思表示は、取り消すことができる。」

他にも錯誤《さくご》といって、契約の重要な部分で勘違いをして意思表示した場合にも取消しが認められている。

・表示に対応する意思が欠けている

例えば、背伸びをするつもりで、手をあげたらタクシーが止まった場合。手をあげた行為に、「タクシーに乗ります」という意思はない。

・意思表示をする基礎となった事情について勘違いをしていた場合

例えば、Lのブランドのロゴがあり、Lのブランドバッグと

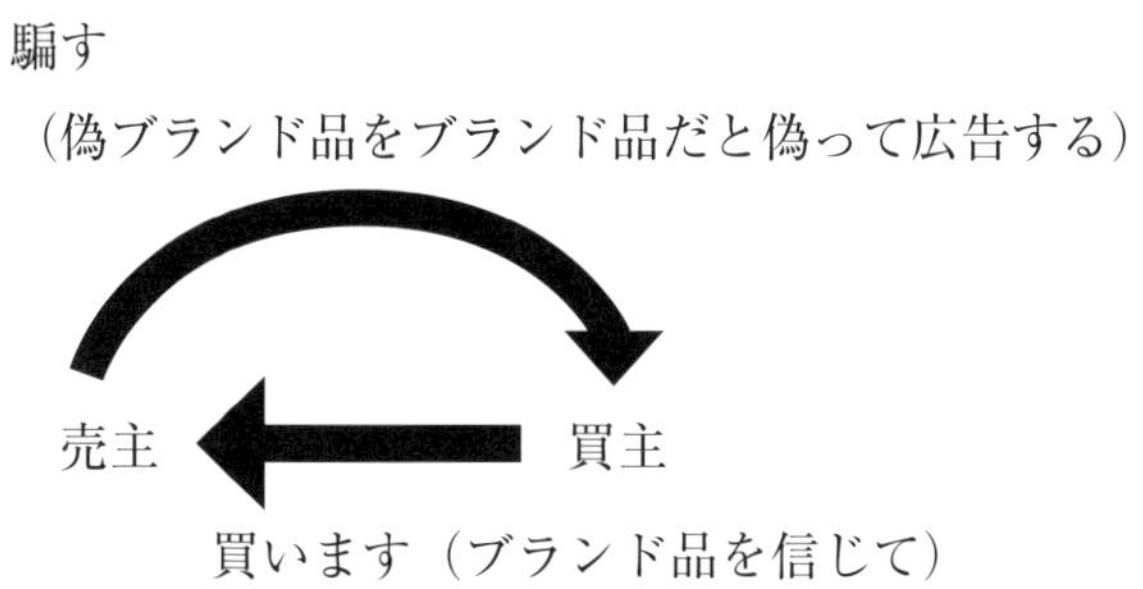

思ったので「買います」と言ったら、Ｌブランドではなく、偽ブランド品だった。

　このような場合には、意思決定に問題があることから、契約の拘束力を維持する根拠がなく、「買います」と意思表示をした者は、契約の無効や取消しをして、契約の拘束力を解くことができる。

　取消《とりけし》とは、いったんは法律行為の効力を認めたうえで、取消権を持つ者が取消権を行使することによって、行為のときにさかのぼって無効となることをいう。取り消すまでは契約は有効であり、取り消すかどうかは取消権を持つ者の自由だ。

　無効《むこう》とは、契約の効力がはじめから生じないとすることをいう。ただ、実際上は、無効を主張したい者が「無効だ」と主張することで、問題となる。

　債務者に、契約の拘束力を負わせる根拠というのは、大きく

「あなたが自分の意思で決めたことでしょ」（拘束されても仕方がないという正当《せいとう》化《か》根拠《こんきょ》）

「あなたの意思表示を相手は信頼していますよ」（相手の信頼の保護、取引の安全という必要性）の２つの点からだ。

　逆に、債権者の側において、債権の実現が支援される根拠というのは、

・相手の意思表示に対する正当な信頼があること

・相手が意思決定できるために適切な情報提供をしていたこと。騙したり、強迫したりし

ていないこと

となる。債権者の側で、相手を騙したりおどしたり（強迫）して契約をさせた場合は、国家が権利の実現を支援する必要はない。

「契約の拘束力」のまとめ

・契約を通じて、私たちは、自分にない物を手に入れ、自分ができないことができる。
・契約とは、法的な約束、強制力を伴った約束のこと。
・契約によって「契約の拘束力」が生まれるから、安心して契約がしやすくなる。
・契約をすると、契約の拘束力が生まれ、契約内容に縛られ、責任も生まれるから、事前に自分の責任を果たせるかを検討して、契約をする必要がある。
・法的権利（強制力を持つ権利、国家が保護する権利）には、特定の人に対して一定の行為を要求する債権と、物に対して支配する権利の物権とがある。
・契約は、当事者間の意思の合致によって、債権と債務を発生させるものである。
・契約の拘束力は、自らが意思決定をしたという正当化根拠と、契約に対する信頼を保護しようという要請から、認められる。
・したがって、意思決定に問題がある場合や、信頼を保護する必要がない場合には、契約の拘束力からの解放（契約の取消しや無効）が認められる。

2 契約はいつ成立する？ いつ契約の拘束力が生まれる？

1 いつ契約は成立するのだろう？ 契約の成立時期

契約が成立すると、契約当事者に権利義務関係が発生する。契約の拘束力が生まれる。そこで、契約がいつ成立するのかは、重要な問題だ。

次の事例で、契約成立の時期について考えてみよう。

Q：販売店AとBとの間でZ冷蔵庫の売買契約を締結した。次のどのタイミングで契約は成立したといえるだろうか？

1）販売店Aが、Z冷蔵庫の広告を出した。
2）Bがその広告を見て、Z冷蔵庫（定価6万円）について、関心を持った。
3）Bが販売店Aに電話をして、Z冷蔵庫について問い合わせをした。
4）販売店Aは、BにZ冷蔵庫の案内をした。
5）Bは、販売店Aに対して、冷蔵庫Zの購入を検討すると伝えた。

販売店 A ―――――― 買主 B

Z冷蔵庫の売買契約

6）販売店Aは、Bが購入すると思って、冷蔵庫Zを仕入れた。

7）Bは、冷蔵庫Zについて、1万円引きの5万円なら購入すると販売店Aに伝えた。

8）販売店Aが、「わかりました。5万円で売ります」とBに伝えた。

9）Bが販売店Aに「ありがとうございます。お願いします」と伝えた。

10）販売店AとBとの間で、冷蔵庫売買の契約書をとりかわした。

契約が成立する過程には、様々な段階があることに気がつく。何ら関係のなかった販売店AとBとが、契約締結に向けて、行動を起こすにつれて、両者の関係が強くなっている。

では、契約が成立したのは、どの時点だろうか？

正解は、8）の時点だ。この時点で、「Z冷蔵庫を5万円で売ります・買います」という意思表示の合致、合意が成立している。

契約は、当事者の意思の合致（合意）によって、成立する。そして合意したときに、両者に債権債務関係が発生し、お互いに債務を履行する義務と責任が生まれる。

民法第522条1項「契約は、契約の内容を示してその締結を申し入れる意思表示に対して相手方が承諾をしたときに成立する。」と明記されている。

ところで、6）の販売店が冷蔵庫Zを仕入れた後に、Bが、「冷蔵庫Zの購入はしません」と伝えた場合、販売店AはBに対して、「あなたのために冷蔵庫Zを仕入れたのだから、賠償金を払って欲しい」と言ったとする。Bは、販売店に対して賠償金を支払う義務があるだろうか。

原則として、契約が成立する前には、権利義務は発生しておらず、Bには、契約するかどうかの自由があるのだから、Bは賠償金を支払う必要はない。しかし、締結に至る過程の中で、Bがほぼ買う予定であることをAに言って、Aがそれを信じて、契約に向けて相当な費用をかけて準備したのに、Bの都合で契約が締結しなかった場合には、Bの側に「**契約締結上の過失**」という信義則上の賠償責任が生まれる可能性はある。

このように、契約の締結交渉に入ると、全く無関係ではなく、契約しようとする者の双方に、相手に損害を負わせないような信義則上の義務が発生することになるので注意が必要だ。

Q：契約書の作成は、契約の成立に必要か？

契約にあたって、契約書を作成することもあるだろう。契約書の作成は、契約の成立に必要なのだろうか？

原則として、必要ではない。口頭の合意だけで、契約は成立する。

民法第522条2項「契約の成立には、法令に特別の定めがある場合を除き、書面の作成その他の方式を具備することを要しない。」としている。では、なぜ、契約書を作成するのだろうか？

契約書が作成されるのは、約束の内容を文書で明記して確認し、将来のトラブルを防止したり、トラブルが起きたときの解決方法をあらかじめ決めて、紛争の解決をしやすくしたりするためだ。原則として、契約書は不要だが、一定の契約については、契約書の作成が必要とされているものもある。

例えば、保証契約については、民法第446条2項「保証契約は、書面でしなければ、その効力を生じない。」とされている。これは、保証人には、重い責任を負担する可能性もあるから、その意思決定を明確にしておいて、安易な保証債務の負担を防ぐ意味がある。

2 合意があっても契約が有効と認められない場合もある

契約は当事者が自由に締結できるのが原則である。当事者の意思の合致（合意）によって契約が成立する。契約が成立すれば、当事者間に債権債務が発生し、契約の拘束力が生まれ、債務の履行が期待される。そして、当事者の一方が合意で決めたことを履行しない場合には、国家がその合意内容の履行を強制することもある。

しかし、どのような合意でも、契約が有効に成立するわけではない。契約というものは、債権債務を発生させ、履行がなされないときには、国家が履行を強制するものである以上、国家がその合意の実現に助力《じょりょく》（＝力を貸すこと）できるものでなければならない。

例えば、次のような契約に契約の拘束力を認めてよいだろうか。

A：Bよ、10万円を払うから、恋敵Cをボコボコに痛めつけて欲しい。

B：わかった。やってあげよう。

その後、Bは、Cを闇夜で背後から殴りつけ、ボコボコにした。

B：Aよ、約束どおりCをボコボコに痛めつけてやったぜ。約束どおり、10万円払ってもらおうか。

もし、ここでAが、約束を無視して10万円を払わなければ、Bは、裁判所に訴えて、10万円払えという判決をもらえるだろうか？

答えは、裁判をしても、裁判所はBの請求を認めない。つまり、国家は、AとBの契約に法的な拘束力を認めない。なぜなら、**公序良俗《こうじょりょうぞく》に反する契約は無効**であって、国家は支援しないからだ。つまり、このような契約は「有効でない」「無効である」として、契約の拘束力を与えられないのだ。

契約によって権利義務を発生させるためには、「契約の有効要件」を満たす必要がある。

それは、合意した契約が「法的保護に値するか」「法的な支援を与えるにふさわしいか」の問題である。契約が有効であるためには、その契約内容が、公序良俗に反しない内容である必要がある。すなわち、公序良俗に反する契約は無効となる。民法第90条は、「公の秩序又は善良の風俗に反する法律行為は、無効とする。」としている。「公の秩序」とは、国家や社会などの一般的な秩序のことを言い、「善良の風俗」とは、社会の一般的な道徳観念や社会通念のことを言う。

公序良俗、善良の風俗に反するものとは何だろう。

1）人倫に反するもの（例えば、売春、愛人関係の維持・確保を目的とする契約）
2）人身の自由を過度に制限するもの（例えば、人身売買・奴隷契約等）
3）他人の思慮窮迫に乗じて不当な利益を得ようとするもの（例えば、暴利行為、過剰な担保の設定など）
4）射倖性《しゃこうせい》の著しく高いもの（例えば、賭博契約など）
5）違法性の高い商品や禁制品の取引（例えば、麻薬取引・武器取引）
6）正義・道義の観念に反するもの（例えば、窃盗依頼）

がある。

3　契約の拘束力が消えるとき

1　契約の実現　～債務の履行

契約の拘束力が消えるときの代表的な例は、「**弁済**《べんさい》」だ。債務が契約どおりに履行されて、消滅する場合だ。

例えば、売買契約の場合、売主は、契約の目的物を買主に引き渡すことで、引き渡す債務が消え、買主は、売主に契約で決められた代金を支払うことで、代金支払債務が消える。このように、債務を履行することを「弁済」という。民法第４７３条「債務者が債権者に対して債務の弁済をしたときは、その債権は、消滅する。」と規定している。弁済をすることで、契約はその目的を達し、契約の拘束力も消滅する。

その他に債務が消滅する原因としては、「**相殺**《そうさい》」というのもある。

例えば、Ａ銀行が、Ｂと消費貸借契約を結び、Ｂに10万円を貸していたが、Ｂが任意に返済してくれなかった。ところで、Ｂは、Ａ銀行に10万円の定期預金があった。Ａ銀行が、貸金債権と預金債権を相殺して、10万円を回収した場合、相殺によって、債務が消滅する。

2 契約が実現されなくても債務が消滅する場合とは？

1）合意解約

契約（債権債務の発生）を当事者の合意によってできる裏返しとして、当事者の合意があれば契約を解約することもできる。解約の場面でも、当事者の意思が尊重される。

例えば、洋服の売買契約が成立した後、買主が、「すみません。サイズがあわなくて返品したいのですが」と言って、売主が「わかりました。洋服を返品していただければ、代金をお返しします」と解約の合意が成立すれば、債権債務は消滅する。

2）契約の解除

契約が成立した後に、相手が契約で定められた債務をきちんと履行してくれない、履行するように求めてもなおやってくれない場合に、契約に縛りつけておくのは合理的ではない。法は、相手に契約の履行が期待できない一定の場合には、契約から解放できる権利として「解除権」を認めている。契約を解除することで、契約の拘束力から解放され、自らの債務も消滅する。

契約の解除については、第5章で、詳しく説明する。

4 契約が守られなかったときに、どうするか?

契約が成立すると、当事者間に、債権債務が発生し、債務を負担している者は、その債務を履行しなければならない。例えば、売買契約の買主は、代金支払債務を負担しているから、代金を支払う必要がある。契約当事者は、その合意した内容に拘束され、それに従って内容を実現しなければならない。これを「**履行義務**《りこうぎむ》」という。

買主は、契約で定められた代金を支払えば、履行義務を果たすことになり、問題はない。代金支払債務は消滅する。もし、履行されなかったらどうなるか。契約で、発生した債務を履行しないという「**債務不履行**《さいむふりこう》」となる。

1 いろいろな「履行されなかった」

売買契約の場合　売主の義務は、売買の目的物の引き渡し（売主側の履行義務）となるが、その「債務不履行」といっても、いろいろなケースがある。次の事例で、説明をしよう。

例）「中古車業者Bが、Aに中古車Zを50万円で売った。Aは、代金50万円を業者Bに支払った。中古車Zの引き渡しは、契約してから10日以内とされた。」

・引き渡し期限までに、引き渡しができなかった（履行遅滞《りこうちたい》）

例）契約をしてから10日以内に引き渡しができなかった。

・引き渡すことが不可能となった（履行不能《りこうふのう》）

例）中古車が、Bが運送中に事故にあって、壊れてしまった。

・引き渡したが、その物が不完全なものであった（不完全履行《ふかんぜんりこう》）

例）中古車を引き渡したが、エンジンがすぐに故障して、動かなくなった。

・もともと契約したときにその目的物に隠れたキズがあって、その物を引き渡した（契約不適合責任《けいやくふてきごうせきにん》）

例）中古車を引き渡したが、気がつかない欠陥があって、最初から調子が悪い。

2 債務不履行の効果とは？

もし、売買契約の売主が、きちんと売買目的物を引き渡してくれなかった場合、買主としては何が言えるだろうか？

1）売主が、売買目的物を引き渡してくれない場合

・強制履行の請求　民法第414条「契約どおり、中古車Zを引き渡して

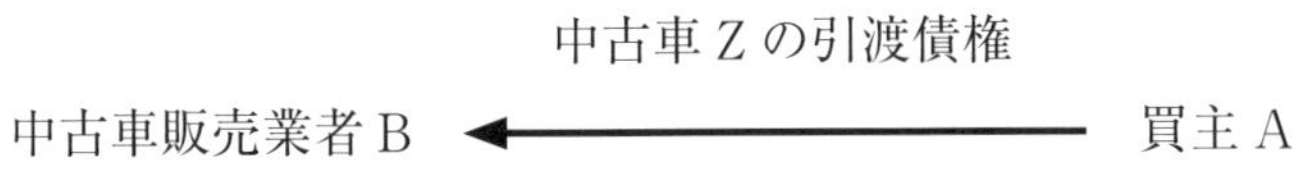

ください」

2）売買契約で引き渡された物が、契約で決めた内容と違う場合

・追完請求　民法第562条～代品請求「代わりの物を引き渡してください」、修補請求「キズの箇所を部品交換してください、修理してください」

3）売主が、2）の修理や交換の請求に応じない場合

・代金減額請求　民法第563条　追完をせよといってしてくれないときは、不適合の程度に応じて代金の減額を請求することができる。「代金50万円を30万円に減額してください。20万円は返してください」

4）売主の債務不履行によって、買主に損害が生じたとき

・損害賠償請求　民法第415条　売主の債務不履行によって、買主に損害が生じたときは、その損害を請求することができる。

・違約金、賠償額の予定　民法第420条「当事者は、債務の不履行について損害賠償額を予定することができる。」「違約金は、賠償額の予定と推定する。」とされている。

5）契約の解除　契約拘束力からの解放　民法第541条　売主に債務の履行を求めても、履行しなかった場合には、買主は、契約を解除して、かつ売主に既に代金を支払っていれば、代金の返金を求めることができる。「解除します。支払った代金50万円を

返してください」

3 権利を実現させるためには? 裁判と強制執行

1) 権利があっても自力救済はできない

契約によって、債権債務が発生する。売買契約であれば、売主は、買主に対して、売買代金債権という権利を持つ。もし、買主が代金を払ってくれなかったらどうなるか。

Aが、Bに中古時計を5万円で売却したとしよう。Aは、中古時計をBに渡してその債務を履行したが、Bは代金5万円を払ってくれない。Aは、Bに対して、代金債権5万円という権利を持っている。

ところで、「権利がある」という意味は、どういうことだろうか? それは、一定の手続きを経ることで、国家権力の力を使って、強制的に実現できるという意味だ。

Aは、当然Bに対して、「代金5万円払ってください」と請求する。ここで、Bが払ってくれたらいいが、Bは、「嫌だよ」と言って支払わない。

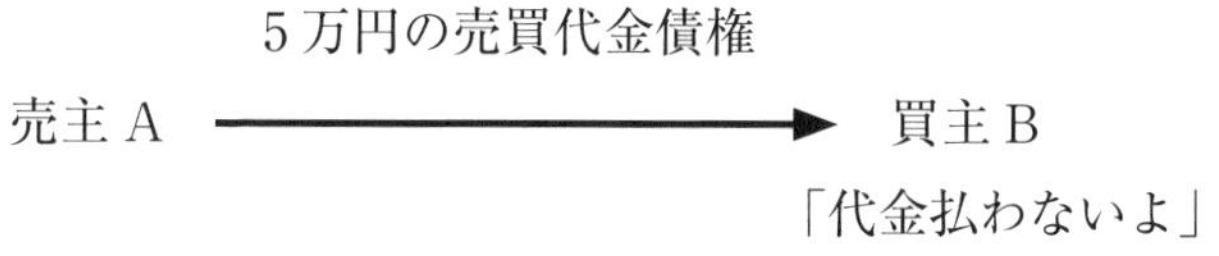

そのとき、Ａは、「自分には、代金債権５万円があるから、実力行使だ。自分でやる」として、Ｂの家に入って、５万円を持って行くことができるだろうか？　あるいは、自分は権利者だからと、Ｂを脅して、５万円を無理やり払わせることができるだろうか？

当然のことながら、そのようなことは許されない。もし、そういうことをすれば、住居侵入罪や窃盗罪、恐喝罪となって、自分が処罰される。

権利があるからといって、自らの腕力で、強引に権利を実現させることは許されない。「**自力救済《じりききゅうさい》**」は禁止されているのだ。

なぜ自力救済が禁止されているのだろう？

もし、自力救済ができるとすると、結局、「自分には権利がある」と言って、声の大きい者や力の強い者が、暴力にうったえて、弱い者を虐《しいた》げる弱肉強食の世界になってしまうからだ。社会秩序が乱れてしまう。

そのため、国家は、市民から武力をとりあげて、私闘を禁止した。日本も明治時代になって、決闘も仇《あだ》討ちも禁止した。強制力を行使できるのは、国家権力だけとした。

国家に権力を集中させ、国家のみが、強制力を行使できるとした。他方で、国家の強制力が権力を有する者によって、誤って行使されると、私人は大きなダメージを受ける。

その国家の強制力が、適切に行使されるために、法をあらかじめ定め、法に従って権力行使が行われるとした。「**法《ほう》の支配《しはい》**」だ。

私人間の法的紛争、私人間の権利義務に関する紛争を解決する裁判を「**民事裁判《みんじさいばん》**」という。

これに対し、国家が、犯罪を行った者を処罰するかどうか、処罰するとしてどのような刑罰を与えるかを吟味《ぎんみ》する裁判を「**刑事裁判《けいじさいばん》**」という。

私人間の権利の有無について、争いになったときには、民事裁判を通じて、裁判所（司法権という国家権力）が、権利の有無を判断する。

自分には、権利（例えば売買代金債権）があると思っていても、相手が、「権利はない」と争ってくることもある（例えば、騙されて売買契約を結んだから、詐欺で取り消すなど）。そうなると、売買代金債権があることについて、裁判所に判断してもらう必要がある。そして、民事裁判を通じて、裁判所が、訴えた側（原告）に権利があると認めれば、例えば「被告は、原告に対し金5万円を支払え」と判決で法的権利が認められる。

これで、原告としては、めでたし、とは限らない。相手が「判決がでた以上は、仕方がない」と払ってくれたらいいが、払わないこともある。そのようなときに、裁判所から判決で権利があると認められたからといって、実力を行使して5万円を回収することは、やはり自力救済となり、許されない。

相手が任意に支払いをしなければ、取り立てるために、さらに「**強制執行《きょうせいしっこう》**」という手続きを踏む必要がある。判決が出たからといって、先のようにB宅に入って、５万円を取っていくことなどは許されないのだ。

つまり、相手が任意に履行してくれない場合、権利を実現するためには、二段階の法的手続が必要ということになる。

「民事裁判手続」　裁判所に権利の存在を認定してもらう手続

「強制執行手続」　裁判所で認められた権利を、相手から実際に取り立てるための手続

実に大変なのだが、国家が強制力を行使するためには、それが適切に行使されるために、こうした手続を踏むことが必要なのだ。

○ 第3章の問いかけ

□ 「契約の拘束力」って何だろう？
□ なぜ、契約をすると拘束力が生まれるのだろう？
□ 契約はいつ成立するのだろう？
□ 契約の交渉段階で、注意すべきことは何だろう？
□ 合意があっても契約の拘束力が発生しない場合とは、どのような場合だろう？
□ 自力救済はなぜ禁止されているのだろう？
□ 相手が、債務を履行してくれない場合、権利を実現するためには、どうすればいいのだろう？

第4章

よい契約をするためにどうすればいいか？

「あのバッグステキ。今月はよく働いたから
自分へのご褒美ね」

カードで分割で。だいじょうぶ？

人は契約を通じて、人とつながり、人の力を借り、また社会に貢献している。契約は、人生をどう生きるかにつながっている。人生を豊かにするためには、よい契約をしていくことが必要だ。では、よい契約をするためにはどうすればいいだろうか。

まず、今までの君の買い物について「よかった契約」「失敗した契約」を振り返ってみよう。

ワーク）

□ **これまで買ったもので、いい買い物だと思うものは何だろうか？**

どうして「いい買い物」と思えたのか、その理由をあげてみよう。

□ **これまで買ったもので、これは失敗した買い物だと思うものは何だろうか？**

その買い物が、どうして「失敗した買い物だった」と思うのか、その理由をあげてみよう。

1　自分にとって必要な契約をする

ワークをやってみて、「よかったと思う契約」は、自分にとって役に立った、自分を幸せにした契約だろう。逆に「失敗したと思う契約」は、自分にとって必要がなくてお金を無駄にした契約というところかな。

契約をするにあたって大切なことは、「自分にとって必要な契約をする」ことだ。自分にとって不必要な契約、自分にとって有害な契約をすることは、君の大切な財産や時間を失うことになる。物やサービスを購入するということは、大切なお金を使うし、貴重な時間も使うからだ。

君は、必要でもない商品を、広告に踊らされて衝動買いしてしまったことはないだろうか。買った後で、「なぜこんな物を買ってしまったのか」と後悔したことは、一度や二度ではないだろう。

では、自分にとって必要な契約をするためには、どうすればいいのだろうか？

1 自分にとって何が必要なのかを確認する

まず、自分にとって必要な契約をするためには、自分にとって何が必要なのか、自分が何を大切にしているのか、本当に欲しいのか、優先順位（今、必要なのか、他にお金をかけることがあるのではないか）を問いかけ、考えることが出発点となる。

これをあいまいにしておくと、広告や宣伝、営業トークに流されて、必要のないものまで購入する契約をしてしまう。

欲しいと思ったとき、衝動的に購入するのではなく、次の質問を自らに問いかけてみよう。

□ 今、欲しい物はなんだろうか？　どうして欲しいのだろう？

□　その商品やサービスは、本当に自分にとって必要なものだろうか？
□　その商品やサービスは、「今」必要なものだろうか、後でもよくないだろうか？
□　その商品やサービスは、代金に見合うものだろうか？
□　その買い物は、私を幸せにしてくれる買い物といえるだろうか？

2 広告に流されない

テレビCMやチラシといった広告を見ていると、ついその商品が欲しくなる。例えば、食品のCMでは、タレントが美味しそうに食べる様子を映して、「美味しそう！　自分も食べたい！」と思わせる。

当たり前のことだが、テレビCM等の広告は、商品やサービスを知ってもらい、購入してもらうために作られている。見れば、購入意欲をそそるようにできている。

ぼっーっとテレビを見ていると、CMが流れ、それまで必要だとも欲しいと思わなかった商品が「欲しい」と感じてしまう。ネットを見ていても広告が目にとまる。しかし、広告に流されて、購入をしてしまうと、必要のないものまで購入することになる。おまけに、たいていの場合、広告を見て欲しくなって購入したものは、実際は不必要なものが多い。

広告を見て商品が欲しくなった場合、衝動的に購入せずに、「本当に必要なものなのだろうか」と冷静に自分に問いかけて欲しい。

2 身の丈にあった消費を意識する

1 家計収支表を作ろう

価格と品質には相関関係がある。価格が高ければ、よい商品である確率は高くなる。50万円の中古の自動車より、８００万円の新しい高級外車の方が、性能や乗り心地がいいのは当たり前だ。

しかし、持っているお金は有限であり、他にいろいろと使う必要がある。生活に必要な、家賃、食費、電気・ガス・水道代等の光熱費といった支出は毎月出ていく。海外旅行に行くとか、ブランドものの洋服や高級時計などを買うことは、生活のために必要な支出を考慮しても、なお余裕がなければできない。

就職をして、通勤のために自動車が必要になったとして、自らの懐具合や収入状況を無視して、いきなり何百万円もする新車をローンで購入することは、借金生活への道、まっしぐらだ。自分の身の丈、懐具合にあった契約をすることが肝心だ。どんなにその商品が欲しくても、給料全部、給料の何ヶ月分もかけて、購入するものではない。

しかし、今は、クレジットカード払い、分割払いによって、「身の丈を超えた」消費をしやすい環境にある。

10万円の時計が欲しくなった。しかし、手元にお金はない。預金もない。そのことを店員に言うと、「月々５０００円の分割払いで大丈夫ですよ」と言われる（さらに悪質業者であれば、「お金を貸してくれるところを紹介しますよ」と消費者金融会社につれていかれることもある）。そのように言われると、買えそうな気になって、つい購入してしまう。

実際のところ、毎月の家計では、収支がトントンだったところに、月５０００円も新たな支出が増えると、生活費を切り詰める必要がある。しかし、生活費を切り詰めることは大変なことだ。結局、生活費を切り詰めることができなくて、生活費が足りなくなり、銀行や消費者金融会社から、借り入れをする。こうして借金はどんどん増えていく。

そこで、「身の丈にあった消費」を意識することが大切だ。身の丈、すなわち自分の経済状態を知るためには、「**家計収支表**」を作るのがよい。家計収支表とは、家計の「収入」と「支出」のバランスシートのことだ。見本のように左側に収入の項目と金額、右側に支出項目と金額を記入する。記載していくうちに、支出について、こんなにかかっているのか、この項目の費用が家計を圧迫しているなと気づくことも多いだろう。

親と同居している人は、これから一人暮らしをしたら、どのような家計収支になるか想像

家計収支表見本

収入項目	収入の金額	支出項目	支出金額
給与	20万円	家賃	5万円
		食費	2万円
		光熱費	2万円
		電話・通信代	1万円
		衣類日用品代	5000円
		医療費	5000円
		教育費	2万円
		娯楽費	1万円
		交通費	5000円
		交際費	5000円
計	20万円	計	15万円

して書いてみるとよい。小遣いやアルバイト代を収入にして、それが何に使われているのかを確認するのもいいだろう。

「収入」とは、その月で、実際に手に入れたお金のことだ。多くは、どこかで働いて、その給料のことになる。手取り収入をここでは記載する。

「生活費支出」は、実際に生活のために出ていったお金だ。生活をしていくためには、いろいろとお金がかかる。家賃、食費、電気・ガス・水道といった光熱費、電話やネットの通信費、衣類日用品、医療費、教育費、娯楽費、交通費、交際費がある。

収入と生活費支出を比べてみて、収入が生活費支出より多ければ、まずは生活していく上では、大丈夫だ。もし、収入より生活費支出が大きいと、貯蓄があれば、それを生活費に回すことになるが、それが尽きれば、援助してもらうか、借りるしかない。

来月は、収入を増やすか、生活費支出を減らすなどして、収入＞生活費支出となるように努力する必要がある。

ただ、何か高額な商品（例えば10万円の時計）を月５０００円の分割払いで購入しようとすると、現在の生活費支出に、さらに５０００円の返済金が毎月加算されることになる。５０００円を加算する余裕が、自分の家計状況からいって、あるだろうか？

具体例のように、収入から生活費支出を引いたあまりが5万円ある場合には、大丈夫だろう。しかし、もし収入が月15万円の場合には、支出も15万円で余裕がない。５０００円の分割払いであっても、自分の現在の収入だけでは、返済できないということになる。生活費を切り詰めるといってもそう簡単なことではない。

この場合、10万円の時計を購入することは、それが月５０００円の分割払いであっても、「身の丈にあった契約ではない」ということになる。

2 クレジットカードとの付き合い方

18歳になると、ひとりでクレジットカードも作れるようになる。

クレジットカードは、手元に現金がなくても商品やサービスを購入できて実に便利だ。しかし、使い方を間違えると、いつの間にか支払に追われて、大変なことにもなるから注意が必要だ。

①クレジット契約の仕組み

クレジットカード払いにすると、手元に現金がなくても、商品を購入することができる。これは、どのような仕組みになっているのだろうか？

クレジットカード払いでは、売主と買主との間の「売買契約」だけではなく、クレジット会社（信販会社）と買主との間の「立替払契約《たてかえばらいけいやく》（クレジット契約）」、売主とクレジット会社との間の「加盟店契約《かめいてんけいやく》」の３つの契約が関わってくる。

・買主が売主から商品を購入し、支払にクレジット

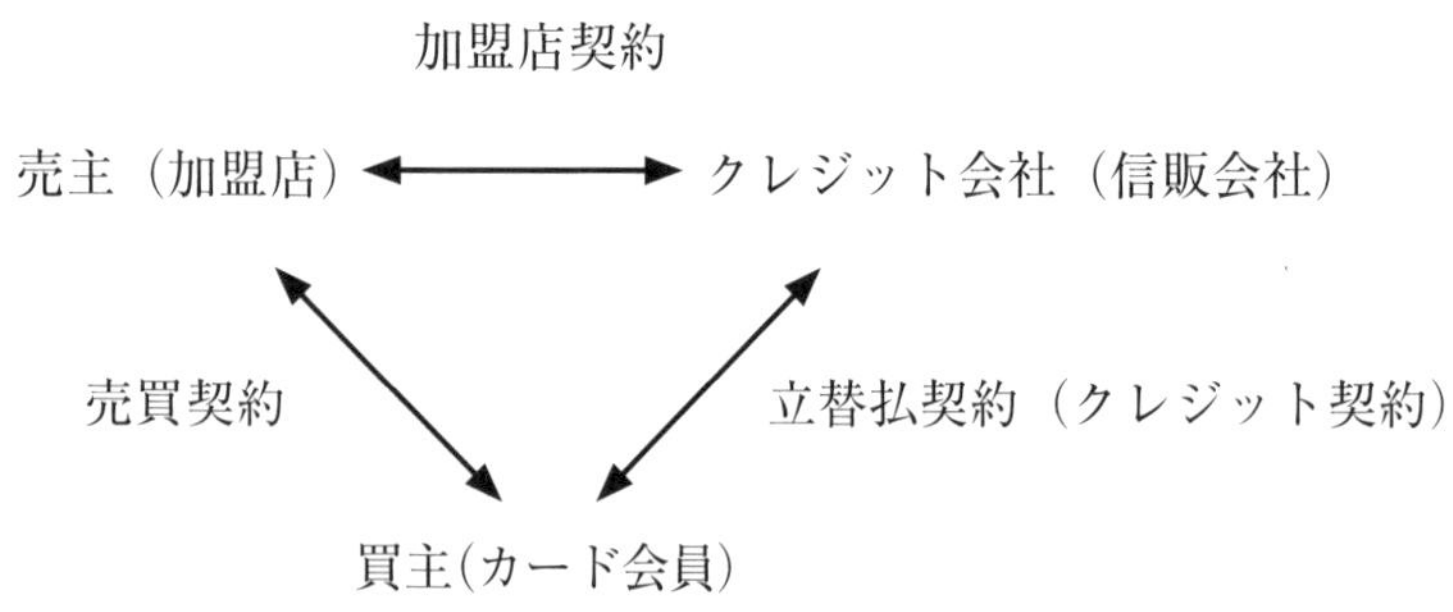

カードを使った。:「売買契約」

・クレジット会社は、買主との「立替払契約」、売主との「加盟店契約」に基づいて、売主である加盟店に、代金を立て替えて一括で送金する。

・クレジット会社は、買主との「立替払契約」に基づいて、買主に立替金を請求する。買主は、請求された金額を、クレジット会社に支払う（銀行口座から引き落とされる）。

通常の売買契約の場合には、お金の流れが、買主から売主へとなるのに対し、クレジット払いにすると、クレジット会社が、売主に一括で代金相当額を支払い、買主が後で、クレジット会社に一括ないし分割で「代金相当額＋手数料」を支払うという流れになっている。

なお、もしも、売主から買った商品に問題があったときは、買主は、クレジット会社への立替金支払いを拒むことができる。

②クレジットカードを利用するときの注意点

・使い過ぎないようにする

クレジットカードで代金を支払う場合には、目の前で、自分の財布の中から現金が出て行くわけではない。これは便利ではある反面、お金の感覚がマヒしやすい。

現金で商品を購入する場合には、財布の中から現金を取り出すから、財布の中にあるお金で買えるものに制限されるし、目の前で、自分の懐具合を確認しながら、今は我慢しようという意識がはたらく。

ところが、クレジットカード払いの場合、自分の懐からお金が出ていっているのに、実際に目で見て財布から現金が出て行くわけではないので、減っている実感がなく、身の丈を超えた購入行動をしがちになる。家計収支表を作って、1ヶ月に使える金額をあらかじめ決めておき、常日頃からそれ以上は、使わないという心がけが大切だ。

・リボルビング払い（リボ払い）は使わない

リボルビング払いは、利用金額や利用件数に関わらず、あらかじめ設定した金額を毎月支払う支払方法だ。便利なように見えて、落とし穴がある。高い手数料がかかるのだ。年利にして15％（10万円に対して1万5000円にもなる）くらいかかることもある。カードを使うのならば、手数料のかからない翌月一括払いにしておこう。それで買えないものは、身の丈を超えた買い物だと思って諦めよう。

・利用明細をチェックする

利用明細をチェックして、余計な支出があれば、以後はしないように気をつける。もし、身に覚えがない支出があったら、カード会社に問い合わせをしよう。不正利用による損害には、補償対象期間がある。紛失した場合、不審な利用を見つけたら、すぐにカード会社に連絡をしよう。

・延滞に注意

引き落とし日に、口座残高が不足すると延滞することになり、延滞利息もつく。業者から督促の電話もくる。さらに、延滞を放置したり、繰り返したりすると信用情報機関（いわゆるブラックリスト）にのって、ローンを組めなくなったり、新しいカードを作れなくなるおそれもある。

・安易にカードを預けない、カード情報を入力しない

スキミングやフィッシングによって、カードを不正利用される被害が多発している。カードから目を離したり、人に預けたりしないこと、安易にカード情報を入力しないようにしよう。

・名義貸しをしない（カードを貸さない）

B君から、「自分は、カードを使えないので、A君名義のカードを貸して欲しい。支払は、自分がやるから。絶対に迷惑をかけないから」と言われ、A君はB君にクレジットカードを貸した。ところが、B君は支払を滞ったらしく、クレジット会社から、A君に80万円もの請求がきた。そのとき、A君は「実際にカードを使っていたのは、友人のB君だから、そちらに請求して」と支払を拒むことができるだろうか。

結論としては、できない。実際に友人Bがカードを使っていたとしても、クレジット会社と契約をしているのは名義人であるA君だ。借入金の支払義務はA君にある。A君は、自分が借りたわけでもないB君の借金を背負わされる。自分名義のクレジットカードを他人に使わせることは絶対にしないようにしよう。

3 継続課金システム、サブスクリプションに注意

サブスクリプション（サブスク）というのを、知っているだろうか。サブスクとは、定額制サービスのことで、例えば「月額○円でドラマや映画が見放題」のようなサービスのことだ。映像配信の他に、電子書籍、音楽、洋服やバッグ、家具などのレンタル、飲食店や美容院などいろいろな分野に広がっている。繰り返し、何度も利用する人にとっては、お得で便利なシステムだが、あまり利用しないのに、ズルズルと毎月お金だけ払ってしまうことも少なくない。

大人でも知らず知らずに、サブスクの罠にはまってしまう。簡単に申し込みできるのはいいが、契約する際には、何ヶ月無料なのか、いつから有料になるのか、解約手続きはどうすればいいのかを中心に、契約条項の内容を確認しておこう。

サブスクについては、次のようなトラブルに注意が必要だ。

① 無料のはずがいつの間にか有料に

例えば、音楽聴き放題1ヶ月無料キャンペーンの案内がきた。登録の際には、カード情報の入力が必要と指示され、入力した。無料だと思って申し込んだところ、気がつかないうちに1ヶ月が経過し、有料サービスへ自動的に移行していたというような場合だ。

対策としては、無料期間が経過すれば、自動的に有料になることをふまえて、無料期間満了前に、使わないのであれば、継続をしないことだ。「無料お試し」となると、無料だからいいかと思って、つい申し込みをしたくなるが、本当に使うものか、利用するものか、自分にとって有用なものかをよく考えて、安易に申込みをしないようにしよう。

② 自動更新されていた

サブスクの多くは、自ら解約手続をとらない限り、自動更新される。使わないのであれば、期間満了前に、解約をする。特に、利用していないサービスほど、忘れがちなので要注意だ。

③ 解約手続きが面倒

サブスクの中には、解約手続きが複雑で手間がかかるものもある。利用を開始する際にも、いつかは解約するものだから、解約手続について、よく確認しておこう。解約手続きが複雑なもの、解約手続きについて案内がないものについては、最初から申し込まない方が無難だ。

3 相手や商品・サービスの情報を検討する

商品やサービスは自分が求める必要な性能を満たしているのか、相手（販売業者やサービス業者）は信用できるのかを確認する。相手の情報には、「相手業者に関する情報」と「商品やサービスに関する情報」とがある。

1 相手の情報を検討する

ここでは、契約をするにあたって、相手が信頼できる業者かどうかを吟味する。

・事業歴の長さ（長く同じ事業をしていると信頼性は高くなる）
・ホームページの確認
・住所、連絡先（住所の明記がない場合や、携帯電話だけだと怪しい）
・代表者の挨拶、顔写真
・詐欺的被害が出ていないかの確認
・口コミの確認（ただし、サクラの可能性もあり、鵜《う》呑みにしないように注意が必要）

2 対象商品、サービスの情報を検討する

商品やサービスについては、その性能、品質、耐久性、価格が検討対象となる。

自分が何を目的として、商品やサービスを購入しようとしているのかを明確にした上で、自らが求める商品の性能や品質と照らし合わせる。

予算と照らし合わせ、予算を超える商品は、欲しいと思っても我慢しよう。

他社に同種製品がある場合には、比較検討をしよう。

4 情報を検討するときのコツ

1 事実と評価を区別する

情報を検討するときの重要なポイントは、その情報が「事実」の情報なのか「評価」の情報なのかを分けて、検討する。

ラーメン屋が、チラシで「うまい絶品ラーメン！」と広告していたとする。これは、事実だろうか、評価だろうか。

ラーメン屋の広告で「うまい」「絶品」というのは、主観的な「評価」をしているだけで、自分が食べても同じ感想を持つとは限らない。自分は「マズい」「イマイチ」と感じるかも

しれない。「評価」は人それぞれだからだ。

そして、広告の場合には、販売が目的なのだから、売ろうとする商品やサービスについて、「美味しい」「快適」「便利」などと表現するのは、当然のことだ。この「評価」に流されないようにする。それはあくまで、販売者の主観であって、自分にとってもそうだとは限らない。

では、「ラーメングランプリ金賞受賞！」という広告は、事実なのか評価なのか？

「ラーメングランプリ金賞受賞」という広告は、事実の情報だ。ラーメングランプリで金賞を受賞したという事実を指している。その事実から、多くの人は「きっと美味しいラーメンなのだろう」と評価をするだろう。

事実には、人それぞれに異なるという要素はなく、基本的に信用できる情報だ。だから、情報を吟味する際には、事実と評価を分けて、事実の情報を前提に、信用ができるのかを検討していくといい。評価の情報に惑わされないように注意する。もっとも、事実の情報についても、それが本当に真実なのかは、吟味する必要がある。

2 重要な事実とそうでない事実を見極める

情報について、事実と評価に分けて、事実を中心に吟味する。その事実については、自分が契約する目的、この契約によって何を求めているのか、何を得たいのかをふまえて、「重要な事実」が何かを見極めることがポイントだ。

例えば、味噌ラーメンを８００円以内で食べたいと思っているのならば、味噌ラーメンを提供しているお店で、代金は８００円以内であるかが事実として、重要だ。美味しいラーメンを食べたいということも目的ならば、口コミや「行列ができている」といった情報が事実かどうか、確認をする。

３ 事実に、裏付け証拠があるかを確認する

重要な事実をピックアップし、対象となる契約相手や商品が条件を満たしているか、裏付け証拠があるのかを検討する。

ラーメンの例で言えば、ホームページでメニューや代金を確認する。美味しさを推認させる「ラーメングランプリ金賞受賞」が本当かどうかは、表彰状が店内に掲示されていたり、ホームページに掲載されていれば確認は可能だ。

「美味しいラーメンを食べたい！」＝契約の目的

↑

「美味しい」というのは評価　主観によって左右される（つまり人それぞれ）

↑　推認=自分が食べても「美味しい」可能性が高くなる

事実）・ラーメングランプリ金賞受賞　・行列ができている　・「美味しい」との口コミ

↑　↑　↑

裏付け）金賞受賞の表彰状がある　・行列を目撃した　・ネットの口コミ情報

4 さあ、一人暮らしだ！ いいアパートを借りよう！ ～賃貸借契約

以上の情報吟味のコツである① 事実と評価を分ける ② 重要な事実を見極める ③ 事実に裏付けがあるかを確認する、を念頭におきながら、一人暮らしでアパートを借りるケースで、実際に、よい契約をするためのコツをいっしょに見ていこう。

高校を卒業すると大学や専門学校に進学したりするために、アパートを借りて一人暮らしをはじめる人もいるだろう。一人暮らしに憧れがあるかもしれないが、一方で不安もあるだろう。いい物件を借りるためには、どうすればいいのだろうか？ まず、アパートを借りるという契約について理解しておこう。

アパートを借りるということは、貸主との間で「賃貸借《ちんたいしゃく》契約《けいやく》」を結ぶということだ。

賃貸借契約によって発生する債権債務とは何だろうか？

・賃貸人は、賃借人に対し、物を貸す債務・使用収益をさせる債務を負う。

・賃借人は、賃貸人に対し、賃料を支払う債務・終わったらきちんと

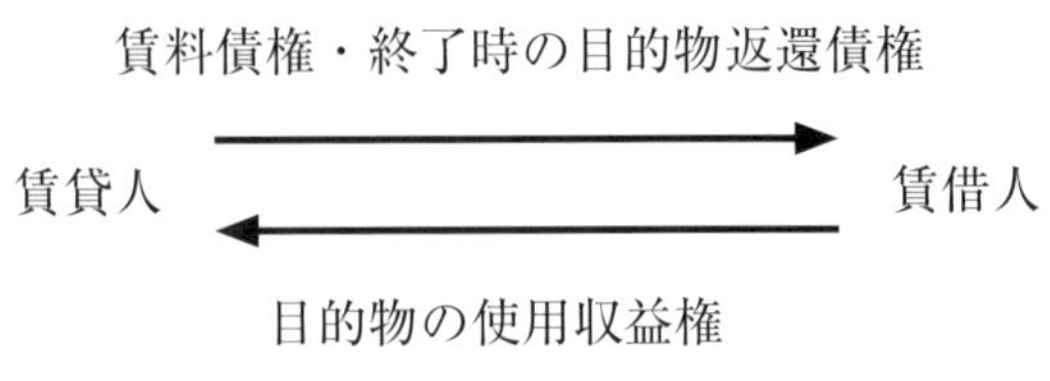

借りた物を返す債務を負う。

賃借人の主な義務は、毎月の賃料を支払うことだ。しかし、契約する際には、賃料以外にもいろいろと費用がかかる。また、入居した後も共益費や管理費といったランニングコストがかかる場合があることも注意する必要がある。

賃借人の債務は、賃料を支払うことが主なものだが、用途に従って使用し、終了時にきちんと返却することも債務の内容となっている。

したがって、居住用に借りているのに、そこでお店を開業することは、契約違反となるし、使い方が乱暴で部屋を壊してしまうと、弁償する必要がある。

コンビニでおにぎりを買う場合のように、多くの売買契約では、商品を受け取り、代金を支払えば、それで契約が完結するが、賃貸借契約の場合、一定の期間中、お互いに権利義務関係が継続する。これを「**継続的契約**《けいぞくてきけいやく》」という。継続的契約の場合には、権利義務関係が続くことから、契約を締結する際には、より一層慎重に契約をする必要がある。

1）よい契約をするために

・目的確認

まずは、自分は何のためにアパートを借りるかといった目的の確認だ。

大学に通学するためであれば、大学へ通える場所にあることが必要だ。できればアクセスのよい方がいい。大学から遠く、不便なところに借りてしまうと、大学に通学することがおっくうになるかもしれない。その意味で、借りる地域、立地が重要だ。またそこで暮らすことになると、静かなところか、スーパーやコンビニまでの距離といった環境も大切だろう。

いろいろと希望は膨らむだろうが、譲れないところと、まあ譲ってもいいところを明確にして、物件を絞り込んでいこう。

・予算の確認

賃借人の義務の主なものは、賃料支払義務だ。自分が責任を持って払える家賃にする必要がある。いい物件に住みたいところだが、いい物件ほど、当然家賃は高くなる。仕送りやアルバイトを見込んで自分が支払うことが可能な家賃を設定しよう。

家賃を高くしてしまうと、他に使えるお金は減ってしまう。家計収支表を作成して、賃料にいくら充てられるかを検討する。一般的には、手取り収入の3分の1以内（できれば4分の1以内）にとどめるのがよい。

例えば、仕送りとアルバイトで月15万円の収入があるならば、３分の１は５万円、４分の１は、３万７５００円となる。４万円程度に抑えるのがいいだろう。

・物件探しで確認したいこと

事実を中心に確認していくが、賑やかか静かかといった主観に左右される点もあるので、自分で体験してどう思ったかも大切にしよう。

大学や専門学校までのアクセス

周辺の環境：賑やか、静か、スーパーやコンビニまでの距離

最寄り駅からの距離：徒歩○分以内希望

間取り、広さ：何室必要か、キッチンの広さ

住戸の階数：１階でも可か、２階以上など

住戸の位置や向き、日当たり：角部屋、南向き、東向きなど

室内外の設備：トイレとバス別希望か、オートロック付きか、駐輪場があるか、エアコン付きかなど

建物の構造、種類：アパート、マンション

通信環境：良好かどうか

その他：デザイナーズ物件、ペット可、楽器演奏可、他の居住者の属性（学生が多いかなど）

どの項目が譲れないのか、優先順位が高いのかを検討する。

自分の希望を紙に書き出して、優先順位を決め、予算の範囲で、物件を絞り込んだ上で、不動産会社を回ってみよう。

不動産会社に行く際には、自分の希望、優先順位を書き出した紙を持って行く。

不動産屋に、優先順位を伝え、物件の絞り込みを行う。気に入った物件を数件絞り込んだら、いきなり契約申し込みをせずに、実際に賃借物件の現物を確認しよう。何事も実物をしっかり確認することが、重要だ。

また、不動産会社に案内された最初の物件で気に入ったとしても、いくつか物件を見てから決めた方がよい。

環境をチェックするには、できれば、1度だけではなく、時間帯をかえて、確認するのが望ましい。時間帯によって、受ける印象が違う場合もあるからだ。

・**契約する際に確認すること**

① 入居する際にかかる初期費用がいくらかを確認する。
入居にあたっては必要な費用、賃料がかかるだけではない。敷金、礼金、保証料、前家賃、火災保険料等がかかることもある。

賃貸人に払う費用ではないが、不動産業者に払う仲介手数料や引っ越し業者に払う引越費用もある。また、新しく購入する家具や家電製品、生活用品等もあるだろう。

そうした初期費用を全て紙に書き出して、予算の範囲内でとどまるかを確認しよう。

② 入居してから継続的にかかる費用（いわゆるランニングコスト）がいくらになるかを確認する

アパートを借りると、継続的に毎月かかる費用がある。賃料だけではなく、共益費・管理費、駐輪場代等がかかることもある。自分の家計収支をふまえて、自分が決めた毎月の予算の範囲内におさまっているかを確認して、予算を超えているのであれば、どんなに気に入った物件であっても、その物件は諦めたほうがいい。

③ 禁止事項について確認する

賃貸人から出された契約書には、ペット飼育禁止、楽器演奏禁止といった禁止事項が定められていることが多い。禁止事項に違反すると、契約を解除され、立ち退きを求められるし、そうでなくてもトラブルになるから、よく確認しておこう。

ペットについては、かごで飼育する小鳥や小動物であれば「可」ということもあるから、そのようなペットの飼育を希望するならば、可能かどうかを確認しておく。

④ 契約書、重要事項説明書をよく確認してサインする

契約書に記載されている内容が、貸主と借主の契約内容となる。その契約書にサインすることは、賃料支払義務等の借主としての義務を負うことになるし、借主として、貸主に何が言えるのかの範囲について同意することでもあるから、よく読んで、納得してからサインをしよう。わからないことがあれば、そのままにしておかずに、不動産業者に質問をして、確認しよう。

賃貸の代理や仲介をする不動産業者には、借主に対し、賃貸借契約をする前までに、知らせておくべき必要な情報を記載した書面（**重要事項説明書**《じゅうようじこうせつめいしょ》）を渡し、説明することが法律で義務づけられている。不動産業者は、物件の設備のことや、契約の解除・敷金《しききん》の精算に関することなどを重要事項説明書にそって、説明をする。その重要事項説明書についても、説明後に「説明を受けました」とサインを求められるので、よく聞いて、納得してからサインをするようにしよう。

2）退去するときに注意すること　～敷金トラブル、原状回復

賃貸借契約では、借主には、契約終了時に、借りた物をきちんと返還するという義務もある。アパートの賃貸借契約では、借りた当時の状態に戻して、部屋を明け渡すことになる。

契約書にサインをする際には、退去する際に、どのような義務があるのかを確認しておこう。賃貸借契約については、退去時に、入居時に預けた敷金が戻ってこなかった、多額の修繕費を請求されたなどで、トラブルになることも多いからだ。

借主には、契約が終わったら、借りていた物を貸主に返還する義務がある。アパートを借りていたなら、自分の荷物を運び出し、借りはじめたときの状態に戻して、返還する必要がある。もし、借りていた部屋の物を壊したならば、元に戻す必要がある。これを「**原状《げんじょう》回復義務《かいふくぎむ》**」という。

よくあるトラブルは、貸主が「原状回復費用」として、畳替え、クロスの張り替え、鍵の交換費用等を敷金から精算すると言って、ほとんど敷金が戻ってこないか、さらには敷金では不足しているとして追加の費用を貸主から請求されるケースだ。

こうしたトラブルが多いことから、民法では、原状回復トラブルについて、指針を示している（民法第６２１条）。

①賃借人は、賃借物を受け取った後にこれに生じた損傷について、原状に復する義務を負う。

②原状回復義務の対象には、通常の使用及び収益によって生じた賃借物の損耗や賃借物の経年変化は含まれない。

要するに借主は、退去する際には、通常に使用している限り、そのまま明け渡せばよく、不注意等によって破損させた場合や汚した場合には、補修や修理等による原状回復をする必要がある（借主においてその費用を負担する）ということだ。借主の側で、新品のようにして返還する義務はない。

壁のクロスについてみれば、電気製品の後部壁面の黒ずみは、「通常損耗《つうじょうそんもう》」で貸主負担、たばこなどのヤニ汚れや、結露の放置によるカビやシミについては、通常損耗を超えるものとして、借主負担となる。

◯敷金とは？

アパートを借りるときに、貸主に、預けるお金を「敷金」という。賃料の2ヶ月分、3ヶ月分などを求められる。基本、契約が終了して、退去した後に、返還されるお金であるが、退去した後に原状回復費用がかかる場合や賃料の不払いがあった場合には、敷金から差し引かれる。

実際には、全額戻ってくることはなく、何かと差し引かれていることが多い。なお、借主から、「今月は家賃が払えないので、敷金から受け取ってください」と言うことはできない。

原状回復費用、敷金返還についてトラブルになった場合には、「通常損耗」なのかがポイントとなるが、通常損耗かを判断することは難しい場合も多い。また、契約の定めによっても費用負担の範囲が変わってくる可能性もある。そこで、トラブルになったら、弁護士に相談して欲しい。

◯賃貸借契約書を見てみよう【次ページの契約書参照】

① 本件建物の賃借権を譲渡し又は本件建物を転貸すること

② ①の他、共同使用その他事実上賃借権の譲渡又は転貸と同様の結果となる行為をすること

③ 本件建物の増改築、改造、模様替え、造作の設置・改廃等を実施すること

④ 本件建物内又は本件建物の敷地において動物を飼育すること

⑤ 本件建物内で、楽器の演奏をすること

第7条（契約の解除）甲は、乙につき以下の各号に掲げる事由があったときは、催告なく直ちに本契約を解除することができる。

① 賃料を2ヶ月分以上滞納した場合

② 前条の禁止事項に反した場合

第8条（契約の更新）甲または乙が本契約の更新を望まないとき、本契約の契約期間満了の3ヶ月前までに、相手方に対し、書面によって更新しない旨の通知をすることとし、この通知がない場合は、本契約は同条件で更新されたものとする。

第9条（明渡及び原状回復義務）乙は、本契約の終了までに、本件建物内に乙が所有又は保管する物件を全て引上げ、かつ、乙の設置した造作を取り外して、原状に復して甲に明け渡す。

第10条（協議）本契約に定めのない事項または本契約の条項について疑義が生じたときは、甲乙の双方が、誠意をもって協議し、解決に努めるものとする。

令和○年○月○日

甲　○○○○　　印

乙　○○○○　　印

建物賃貸借契約書

賃貸人甲と賃借人乙は、以下の通り、建物賃貸借契約を締結した。

第１条（建物賃貸借）　甲は、乙に対し、下記の建物（以下「本件建物」という）の居室を賃貸し、乙はこれを賃借した。

記

所在地　仙台市泉区○○町１－２－３

構造　鉄骨造２階建

名称　日の出コーポ

居室・間取り　202号室　1K

床面積　23.4㎡

第２条（使用目的）乙は、本件建物を自己の居住のためにのみ利用することとし、その他の目的には使用しないものとする。

第３条（賃貸借期間）賃貸借の期間は、令和５年４月１日から令和７年３月31日までの２年間とする。

第４条（賃料）賃料は、１ヶ月金６万円とし、乙は、甲に対し毎月25日までに、その翌月分を甲が指定する金融機関口座に送金して支払う。

第５条（敷金）乙は、甲に対し、本契約締結と同時に、敷金として金18万円を差し入れる。

２　本契約の終了に伴い、乙が甲に対し、建物を原状に復して明け渡したときに、未払賃料等本契約に基づいて生じた乙の債務で未払いのものがあるときは、敷金からその未払債務額を控除した上で、その残額について乙に返還するものとする。なお、返還すべき金員に利息は付さない。

３　乙は甲に対し、本件建物を原状に復して明け渡すまでの間、敷金返還請求権をもって甲に支払うべき賃料その他の債務と相殺することはできない。

第６条（禁止事項）乙は、甲の書面による承諾を事前に得ない限り、次のことをしてはならない。

○賃貸借契約書のチェックポイント

・契約期間は、いつからいつまでだろうか?
・賃料はいくらで、いつまでに支払わなければならないだろうか?
・賃借建物について、「禁止されている事項」は、どのようなことだろうか?
・動物の飼育禁止、楽器の演奏禁止と禁止条項があるが、もし、君が、小鳥を飼いたい、ギターを演奏したいと考えているとき、賃貸人にどのようなことを交渉すればよいのだろうか?
・契約が終了して、明渡しをする場合に注意すべきことはどのようなことだろうか?
・契約を更新することについてはどのような規定になっているだろうか?

○**第４章の問いかけ**

□ 自分にとって必要な契約とは何だろう？
□ 身の丈にあった消費をするためには、どのようなことに注意すればいいのだろう？
□ クレジットカード利用で注意すべき点とは何だろう？
□ 商品・サービスを購入する契約をするときに注意すべき点とは何だろう？
□ アパートを借りる契約をするときに、注意すべき点とは何だろう？
□ 建物賃貸借の原状回復義務の範囲はどこまでだろう？　借主の負担で壁のクロスを新しく張り替える必要があるのだろうか？

第5章

契約を解約できる場合

〜契約の拘束力からの解放

「この英語教材で勉強すれば

1ヶ月後には英語がペラペラ話せるように」

「How are you?　エーと、I am・・・」

解約できるかな？

かかってきた営業の電話で、英語くらい話せないと就活でも不利だと言われ、30万円の英会話教材セットを月1万円の分割払いで購入した。しかし、よく考えると、今の自分にとっては不要だし、月1万円と高すぎる。解約したい……。このような場合、解約することはできるのだろうか？

1　原則として契約は解約できない　～「契約の拘束力」

いったん成立した契約を一方的に解約することはできないのが原則だ。お互いに、自らの意思決定によって、契約をした以上は、契約を守る責任が発生する（契約の拘束力）。お互いに契約の実現に向けて、努めなければならない。「やっぱりや～めた」と一方的に契約を解約することはできない。だから、契約をするときには、慎重にしなければならない。

もっとも、契約は、当事者の合意によって、成立したものであるから、お互いの合意によって解約すること、すなわち「**合意《ごうい》解約《かいやく》**」は、もちろん可能だ。当事者の自由な意思が、解約の場面でも尊重される。君が「すみません、解約したいのですが」と言って、業者が「わかりました」と応じてくれたなら、それで解約は可能だ（そこで、解約したいと思うならば、合意解約ができないかをまず試してみるとよい）。

問題は、契約当事者の一方が解約をしたいと思っているが、相手が解約に応じてくれない場合だ。「契約の拘束力」からすると、一方的に解約できないのが原則になる。

しかし、どのような場合でも、解約ができないと不都合も生じる。もし君が、業者に騙されて契約をしてしまった場合にも解約が認められず、代金を払わなければならないとしたら、納得できないだろう。

2 どのような場合に契約を一方的に解約できるのか～例外的に解約できる場合

契約について基本的なことを定めた民法では、いくつかの場合において、「無効」「取消し」「解除」ができるという、契約の拘束力を解く方法を定めている。

さらに、消費者契約法で、事業者と消費者間の契約において、いくつかの場合に、消費者側に取消権を認めている。また特定商取引法では、一定の取引に関して、無条件で、契約を解除できるクーリング・オフ制度を定めている。

・詐欺・錯誤による取消し：意思決定の過程に問題がある場合
・公序良俗違反で無効：公の秩序、善良の風俗に反する合意には、国家は支援しない
・未成年者取消権：未成年者を保護する

・債務不履行による解除：相手が契約の義務を果たしてくれない
・消費者契約による取消し：消費者を保護する
・特定商取引法等のクーリング・オフ：消費者を保護する

「詐欺・錯誤による取消し」については第3章1節（4）で、「公序良俗に反する契約が無効となること」については第3章2節（2）で、すでに説明した。

未成年者取消権については本章の第5節で、「債務不履行による解除」は本章の第3節で、「消費者契約による取消し」や、「クーリング・オフによる解約」は第6章で、詳しく説明する。

3 契約が解除できる場合～契約は成立したが、その後に問題が発覚した

1 契約の解除とは？

契約の解除とは、契約関係の維持や履行が期待できない場合や、相手の不誠実な履行態度によって契約の目的を達成できないような一定の場合には、一方的に契約が解除できるというものだ。無効や取消しが、契約の成立時点において、すでに問題があったために、契約の拘束力を解く手段であるのに対し、解除は、契約が成立した後の事情によって、契約の拘束力を解く方法だ。解除によって、自らが負担している債務が消滅し、契約の拘束力から解放

される。

2 解除ができる場合とは？

では、どのような場合に、契約が解除できるのだろうか。これについても、当事者の契約の中で、あらかじめ「○○の場合には解除できる」と合意していれば、「○○の場合」が発生すれば、その合意に従って、解除することができる。また、民法において、一定の事由について、解除ができると定めている。

① 債務不履行解除 ～当事者の一方が契約の内容を守らない場合

・履行《りこう》遅滞《ちたい》となり、催告《さいこく》をしても履行しない場合

履行期に履行をしなかったので、一定の期間を定めて履行をするように求めても（「催告」という）、なお、相手が履行をしなかった場合。例えば、売買契約が成立して、代金を支払ったが売買目的物を引き渡してくれない場合には、「一定期間以内に履行しなければ、解除する」と言って、解除権を行使できる。

・履行《りこう》不能《ふのう》の場合

債務の履行が不可能になった場合。例えば、売主が中古車Zを輸送中に事故を起こして、壊してしまった場合。

・履行拒絶が明確な場合

債務者が、債務の履行拒絶の意思を明確にした場合。契約を維持し続けることの意味がなくなる。

・定期行為として一定期間内に履行しなければ契約目的を達成できない場合

例えば、成人式の着物を、成人式後に渡されても意味がない。

②契約《けいやく》不《ふ》適合《てきごう》責任《せきにん》による解除

数量不足や種類・品質が契約と違うなど、受け取った物が契約の内容に適合しない場合

以上の解除ができる場合を見ていくと、相手が契約上の義務を適切に履行してくれない状況で、もはや契約の拘束力を及ぼしておくことが、不合理となった場合であることがわかるだろう。

4 解約をすると、契約はどうなるのか？ ～無効・取消し・解除の効果

1 契約を解約するとどうなるのか？

では、契約を解約すると、どうなるのか？ 例えば、売買契約を締結した後、無効主張、取消権の行使、解除権の行使をすると、契約はどうなるのだろうか。

実際「契約の拘束力」から解放されることになるが、そのときの状況は、

①まだ代金の支払いもしていない、商品も受け取っていない場合（自分も相手も債務を履行していない場合）

②代金の支払いはしたが、商品は受け取っていない場合（自分は債務を履行したが、相手は債務を履行していない場合）

③代金の支払いも商品の受け取りも完了している場合（自分も相手も既に債務を履行した場合）

といろいろあるだろう。①の代金支払も商品受け取りもしていない場合には、契約を解除すれば、その後、何もしないということで、簡単だ。しかし、②や③の場合のように契約によって商品や代金の移動がある場合には、どうなるのだろう。無効、取消し、解除によって、契約の当事者は、「原状回復義務」を負う。「原状回復義務」とは、契約する前の状態に戻すということだ。例えば、受け取った商品があるなら、それを売主に返すし、商品が手元に残っていなければ、商品相当代金を返還する。契約の「巻き戻し作業」を行う必要がある。

もっとも、未成年者取消権の場合や消費者契約法に基づく不当な勧誘による契約の取消しの場合には、「**現存《げんぞん》利《り》益《えき》**」の返還で足りるとされている。すなわち、手元に残っているだけの商品を売主に返却すれば、それで足り、残っていない分の商品相当代金の返還は不要とな

る。未成年者保護や消費者保護の観点から、取消しの効果にも「現存利益」の返還でＯＫと優遇しているのだ。

2 無効、取消し、解除も意思表示が必要

いずれも、契約をリセットするためには、「〇〇なので無効です」「〇〇なので取り消します」「〇〇なので解除します」と相手に、理由をそえて伝える必要がある。

無効は、概念的には、契約がそもそも無効で、「契約の拘束力」は生まれないのだが、それでも「公序良俗違反の契約なので無効です」と言わなければ、相手から、履行を求められるだろう。無効な契約だからと自分が思っていても、相手に意思表示をしなければ、伝わったことにはならない。

契約をするときも、自らの意思決定と相手への意思表示が重要視されるのだが、契約をリセットしようとする際も、「取り消す」という意思決定と、相手への意思表示が必要だ。

そういう意味では、取消しや解除が可能な場合にも、契約をそのまま維持してよいと考えたならば、取消権や解除権を行使せずに、契約をそのまま維持するということもできる。

3 無効、取消し、解除の主張を相手が争ってきたら？

1）無効、取消し、解除の要件を満たすかを考える

「詐欺なのでこの売買契約は取り消します」と販売業者に伝えたところ、業者が、「わかりました。代金を返金します」と素直に取消しを認めてくれたらいいが、多くは、「騙していません。詐欺にはあたりませんので、契約は取り消せません」と言って、争ってきて、代金を返してくれない。どうすればいいのだろうか？

この場合、交渉や調停というものもあるが、最後まで、業者が争ってきたら、訴訟で決着をつけるしかない。

業者が「騙してなんかいません。取消しは認めません」と争いになったとき、裁判官は、詐欺があったかどうかを決める必要があるが、どのようにして、決めるのだろうか？

民法で定めた詐欺取消権が発生するための要件を満たせば、「取消権」という効果が発生する。民法第96条で「詐欺による意思表示は取り消すことができる」と定められているから「詐欺による意思表示」にあたれば、取消権が発生する。

要件となる事実の存在 → 法律上の効果発生

「詐欺による意思表示」　　詐欺取消権の発生

詐欺とは、欺罔行為《ぎもうこうい》、すなわち騙す行為のことだ。欺罔行為によって「買います」という意思表示をした場合に、意思決定の過程に問題があるから、詐欺の取消権が発生する。

では、欺罔行為・騙す行為があったかどうかは、どのように認定されるのだろう？　例えば、「誰でも必ず痩せます」という触れ込みの健康食品を買ったとしよう。こちらが、「必ず痩せます」という触れ込みがあったから買ったのだ、と言っても業者側が「いや、必ず痩《や》せるとは言っていない」と反論してきたら、どうなるだろう？

争いのある事実は、その事実があることを推認させる証拠によって、認定される。例えば「誰でも必ず痩せます」とチラシに記載されていれば、証拠になるだろう。

しかし、そのような証拠がない場合、何らかの証拠があったとしても、それでは、よくわからない場合、どうなるであろうか。

２）立証責任を意識する

判決では、欺罔行為があったかどうかを事実認定しなければならない。ここで「**立証**《りっしょう》**責任**《せきにん》」という考え方によって、「事実あり」とするか「事実なし」を決める。立証責任のある側が、証拠によって、その事実を立証することができなければ、その事実は「ない」ものとする、という考え方だ。

取消権を裏付ける事実（詐欺の場合には「欺罔行為」があったこと）は、取消権を主張する側で、立証しなさいね、ということだ。取消権以外にも、一般的には、権利を主張したい側に、権利の発生を基礎づける事実を立証するよう責任が負わされている。

取消権を裏付ける証拠を出さないと、結果的に裁判所の判断において不利益に扱われる（すなわち、取消権がないと判断される）。取消権を行使したい側は、取消権があることを裏付けるために、「証拠を出して立証をしなければいけない」という、行動指針につながる。もし、欺罔行為について、相手が「騙していない」と騙した事実を否認した場合、取り消したい側で、欺罔行為を裏付ける証拠を出すことができなかったら、残念ながら、詐欺取消権は認められない。

自分としては、「誰でも必ず痩せます」とはっきり言われたから、商品を購入したのに！と思うかもしれないが、事実についての争いになると、取り消したい側が、取り消せる事実の立証責任を負い、証拠によって騙された事実を立証できなければ、「騙された事実はなかったもの」として扱われてしまうのだ。

だから、抽象的には、「騙された場合には、詐欺取消しができる」というのはそのとおりだが、実際に相手が争ってきたときには、騙されたことを裏付ける証拠があるかどうかの勝負になることが多く、証拠がなければ、取消しが認められないということになる。その意味で、立証ができるかというのは、大きなポイントになる。

そこで、将来トラブルになった場合に備えて、次のような契約に関する書類は保存しておこう。

・業者との文書やメールのやりとり
・広告、チラシ、勧誘文書や勧誘メール

契約を解約する手段の中でも、それらについて立証可能か考慮し、立証しやすい方法を選択する。立証のしやすさでは、「未成年者取消権」と「クーリング・オフ」は、立証が比較的容易で、有効な解約方法だ。

ちなみに、未成年者取消権は、「契約当時、未成年者であったこと」を主張立証すればいい。生年月日は戸籍謄本や住民票などで簡単に説明できるから、契約当時に未成年者であったことは、簡単に立証できる。また、クーリング・オフについては、クーリング・オフする旨の通知書の控えがあれば、簡単にできる。

取消権発生の要件となる事実（未成年者であること、クーリング・オフ通知を所定期間内に通知したこと）を簡単に立証ができる未成年者取消権やクーリング・オフの場合、業者としても、裁判で争っても負けると思うから、争わずにあっさり取消権に応じることも多くなる。

5 未成年者取消権 ～未成年者にとって強い味方

1 未成年者取消権とは？

２０２２年４月１日から、民法で定められた成年年齢が20歳から18歳に引き下げられた。それは、18歳から一人で契約ができるという意味を持つ一方で、未成年者取消権の保護が、18歳からはなくなることも意味する。自由になる一方で、責任も発生するということだ。

未成年者が契約をしてトラブルが起きた場合、契約を無条件で取り消すことができる「未成年者取消権」という権利がある。この「未成年者取消権」は、立証も容易で、強力な権利だから、もし、君が18歳になる前に、契約でトラブルにあったら、まずは「未成年者取消権」という権利があることを思い出してもらいたい。

2 なぜ未成年者取消権が認められたのか？

なぜ、このような取消権が、未成年者には、認められているのだろうか？

「人は全て対等」という近代法の原則からすると、未成年者に取消権が認められるのは、特別扱いをしているともいえる。なぜ、法は、未成年者を特別扱いしているのだろうか？　それは、未成年者を保護するためだ。では、なぜ未成年者は保護する必要があるのだろうか？

未成年者は、一般的に、知識や経験、判断能力が未熟であるため、不利益な契約を結んでしまうことが多いからだ。

そこで、民法は、未成年者が法定代理人（多くは親）の同意を得ないで行った契約は、原則として取り消せるとした。未成年者は、単独で契約などの法律行為ができる「行為《こうい》能力《のうりょく》」が制限されている。なお、取り消すかどうかは自由だから、未成年者本人や親が契約をそのままにしておきたいと思えば、そのままにしておくこともできる。

3 未成年者取消権を行使できない場合もある

未成年者のときにした契約であれば、原則として、未成年者取消権を行使できる。もっとも、どんなときでも、未成年者取消権を行使できるわけではない。

例えば、未成年者が、自分は成年者（18歳以上である）とウソをついて契約をした場合には、取消権を行使することはできなくなる。ウソをついて交わした契約にまで、未成年者取消権の保護を与える必要はないからだ。お店の人だって成年だと信じて契約をしたのに、後から取消権を行使されても困る。

他にも、親から与えられた小遣いで買い物をするような場合（法定代理人が処分を許した財産の処分）は、法定代理人の判断を経ているとみなされ、取消権が使えない。だから、君がコンビニでおにぎりやサンドイッチなどを買った場合には、取消しはできない。また、未成年者が、物をもらったり、支払を免除されたりする契約のような場合には、未成年者が、特に不利益を被るわけではないから、取消権を認める必要がない。

◯第5章の問いかけ

- □契約を一方的に解約できる場合とは、どのような場合だろう？
- □無効・取消し・解除の違いとは何だろうか？
- □契約の解除ができる場合とは、どのような場合だろう？
- □契約を解約すると、契約はどうなるだろう？
- □契約に関する書類を保管しておく意味は何だろう？
- □なぜ、未成年者には、「未成年者取消権」が認められているのだろう？
- □未成年者でも、「未成年者取消権」が使えない場合とは、どのような場合だろう？

第6章

消費者を守る法律を知っておこう

～消費者契約法、特定商取引法

「私には霊が見える。あなたには悪い霊がついていてこのままでは病気が悪化する。除霊のためこの壺が必要だ」

不安になって、100万円の壺を購入してしまった！

君は、クーリング・オフという制度を知っているだろうか？　クーリング・オフとは、法律で定められた一定の契約については、消費者は、一定期間内であれば、無条件で解約できるという制度だ。

では、なぜそのような消費者だけに有利な制度があるのだろうか？　クーリング・オフ以外にも、消費者を守る規定が法律で定められている。そのことを大まかにでも知っておくことで、悪質商法や詐欺的商法に騙されない賢い対応ができるようになるはずだ。

1　なぜ消費者を守る法律があるのか？

1 消費者法の目的とは？

近代市民国家は、対等な市民を前提にして、市民どうしが自由に契約を締結する世界を思い描いている。国家は基本的に市民間の契約に対する介入を控えて、国家が一方の契約当事者を有利に扱うことはしない。

しかし、現実の市民らは、対等ではない。実際には、情報量、交渉能力で格差がある。

君が、ゲームソフトを購入するとしよう。販売業者と君とを比べて、対等だと思うだろうか。思わないだろう。ゲームソフト販売業者は、君より、ゲームソフトについての情報も持っているし、販売についてのノウハウ、交渉能力も日々鍛えている。国から「どうぞ自由に契約をしてください」と言われても、実際のところは、事業者に有利に契約が結ばれてしまう可能性が高い。

消費者と事業者とでは、情報格差、交渉力に格差があり、事業者の中には、自己の利益だけしか考えていない者もいるから（もちろん、消費者のことを大切に考えて契約を結ぶ業者もいる）、このままでは、事業者に有利な契約ばかりが結ばれ、消費者が被害を被ってしまう可能性が大きい。

契約当事者間での情報量に格差があることを「**情報《じょうほう》の非《ひ》対称性《たいしょうせい》**」という。情報量に格差があると、一方に有利な契約しか交わされなくなる。結果として、情報量に劣る側（多くは消費者）は、適切な判断ができずに商品を買わされることになる。

そこで、国は、情報の非対称性が存在する場合、業者と消費者との情報格差を解消するために、法的な規制を課すことにした。

情報の非対称性や交渉格差がみられる一定の契約類型に関しては、契約当事者の自由に任せるのではなく、法規制をして、実質的に対等な関係になるようにしている。例えば、消費者契約法では、適切な情報を提供することを業者に求め、それができていない場合（不実告知、不利益事実不告知）には取消しができるとした。

2 情報格差による不公平な契約を防止するために

情報格差による不公平な契約、消費者被害を防止するために、消費者法は、事業者を規制している。しかし、事業者を規制するだけでは、消費者保護のためには不十分だ。消費者を支援するための相談窓口を設置することや、消費者に情報提供を行うこと、消費者が自律的に判断できるように子どものうちから消費者教育を行うことも必要だ。

１）消費者を支援する

消費者を支援することで、不公平な契約を防止することができる。支援する機関として、消費者への情報提供・苦情処理・消費者からの相談受付や消費者契約をになう「国民生活センター」や各地方公共団体に「消費生活センター」がある。

消費者ホットライン１《い》８《や》８《や》に電話をすれば、最寄りの消費者生活センターの相談窓口につないでくれる。

日本司法支援センター（法テラス）で、弁護士に相談することもできる（法テラスサポートダイアル ０５７０－０７８３７４）。法テラスとは、国民への法的支援を行う公的機関として設置されたものだ。各地の弁護士会の法律相談センターでも、消費者トラブルに関する相談に応じている。契約で困ったことがあったら、一人で悩まずに、相談して欲しい。

２）消費者教育

自らが、消費者被害にあわないために、契約トラブルに巻き込まれないためには、契約する前に、積極的に情報を入手しようとする意識と行動が必要だ。契約や消費者を保護するための法について学ぶことも大切だろう。

そこで、消費者教育が重要となる。この本は、消費者として自律的に判断できるような消費者教育的な意味もある。君もこの本でしっかり学んで、悪質商法の被害にあわないようにしつつ、契約を活用して、豊かな人生を歩んで欲しい。

2 消費者に特別に認められる解約方法を知っておく

1 消費者契約法の取消し

消費者に特別に認められる解約方法を大まかにでも知っておくと、契約トラブルに直面したときに、安心して対処できる。ただし、実際にトラブルにあったときには、無理に一人で対処しようとせずに、弁護士や消費生活センターに相談して欲しい。

以下の場合には、消費者契約法において、消費者は契約を取り消せるとした。

１）契約内容の重要事項について嘘を言われて契約した（不《ふ》実《じつ》告《こく》知《ち》）

例）本当は事故歴があるのに「事故歴はありません」と言って中古車を販売した。

２）不利になることを言われなかった（不利益事実不告知《ふりえきじじつふこくち》）

例）本当は近々隣地に高層マンションが建って眺望や日当たりが悪くなるのに、その事実を告げずに、購入させた。

３）将来の不確実な事項について「必ず儲かります」と言われた（断定的判断《だんていてきはんだん》の提供）

例）「当社が開発した方法でＦＸをやれば、必ず儲かります」と言って、情報商材を購入させた。

４）通常の量を著しく超える物の購入を勧誘された（過量契約《かりょうけいやく》）

例）消費期限内に消費できない量の健康食品を購入させた。

５）消費者が感じている不安を知りながら、不安をあおる言動で消費者を勧誘した（不安をあおる告知）

例）「あなたは、この就活セミナーを受講しないと一生就職できませんよ」と言われ、不安になって、契約をした。

６）退去するように告げたのに事業者が退去しなかった（不退去《ふたいきょ》）

例）「もう帰ってください」と言ったのに、「ここまで説明させて、契約しないのですか。契約するまで、帰りませんよ」と玄関に居座った。困って、契約をした。

7）お店から出ようとしても帰らせてくれない（退去妨害《たいきょぼうがい》）

例）宝石店から、出ようと「もう帰ります」と言った。すると店員が「ダメですよ！まだ話は途中です」と言って帰らせてくれなかった。困って、契約をした。

8）恋愛感情などに乗じた人間関係の濫用

例）消費者の抱いている恋愛感情などにつけこむ。「このバックを買ってくれないともう会わないわよ」と言われ、バックを購入した。

9）霊感商法

例）「私には霊が見える。あなたには悪い霊がついていて、このままでは病気が悪化する。除霊のためには、この壺が必要です」と言われ、不安になって壺を購入した。

10）契約を結ぶ前に行った行為を理由に代金を請求された

例）竿竹屋《さおだけや》が、まだ買うと言ってないのに、「あなたのために、竿竹を切ってしまったのだから、代金を払ってくれないと困る」と代金を要求され、代金を支払った。

11）加齢や心身の故障で判断力が著しく低下した消費者の健康等の不安を知りながら、不安をあおって勧誘した。

例）「今、この健康食品を飲まなければ、一生歩けなくなりますよ」と言われ、不安になって健康食品を購入した。

以上の契約を見ると、いずれも

・消費者の意思表示の形成過程に問題がある（適切な判断、契約の意思表示がなされたとはいえない）ので、その意思決定に拘束させる正当化根拠がない。

・悪質商法であり、悪質事業者に、契約の利益を与える必要性はない。

ということがわかる。

そこで、消費者を保護するために、消費者契約法が、消費者に、特別に契約の取消権を認めたというわけだ。

2 特定商取引法のクーリング・オフ

1）クーリング・オフとは

君も「クーリング・オフ」という言葉を聞いたことがあるだろう。

契約には拘束力がある。一方的に解約ができないのが原則だ。しかし、一定の契約については、消費者の側だけに、クーリング・オフという、無条件で一方的に解約できる制度がある。

君が何か商品やサービスを購入した後に、「しまった！　こんな契約するんじゃなかった！」と思ったときには、「クーリング・オフ」を思い出して欲しい。

「クーリング＝頭を冷やして」「オフ＝なかったことにする」という言葉のとおり、クーリング・オフとは、頭を冷やし冷静に考え直す時間を与え、一定の期間内であれば、無条件で契約の解除ができる制度のことだ。

訪問販売や電話勧誘販売など、不意打ち的な勧誘でつい、「契約します」と言ってしまいやすい契約類型に、この制度が設けられている。他方で、インターネットと通信販売には、じっくり考えて決められる時間があるとして、クーリング・オフ制度はないので注意が必要だ。

2）クーリング・オフのやり方

クーリング・オフは、どのようにすればいいのだろうか？　クーリング・オフをしたい場合には、次のような通知書を業者に郵送する。

クーリング・オフは、口頭ではなく、はがき等の書面で販売会社の代表者宛に通知書を送る。商品をクレジットカードで支払った場合やクレジット契約をした場合には、同時にクレジット会社にも、クーリング・オフの通知をしておく。

送る前に、はがきの両面のコピーを取り、特定記録郵便や簡易書留など発信の記録が残る方法で送る。それは、後で、業者から「クーリング・オフ通知を期間内に受け取っていない」と言われないように、クーリング・オフをしたという記録を残しておくためだ（※令和3年の特定商取引法改正で、消費者からのクーリング・オフ通知について、電子メールの送付が可能となった。電子メールで通知した場合には、その記録を保存しておこう）。

クーリング・オフを、書面で通知するのは、後で通知をしたかどうかで揉めないためだ。

このように意思表示について、書面で通知すること、書面に残しておくことは、後々トラブルにならないためにも、またトラブルになったときに解決しやすいようにしておくためにも、重要だ。意思表示をしたことだけではなく、代金を支払ったときの「領収証」や商品を渡したときの「受取証」など、お金や商品が動いたことを示す書類を残しておこう。

通知書

次の契約を解除することを通知します。

契約年月日　○年○月○日
商品名　○○○
契約金額　○○円
販売会社　株式会社○○　□□営業所
担当者　○○○○

支払った代金○○○円を返金し、
商品を引き取ってください。

○年○月○日
○○県○○市○○町・・・・
氏名　○○○○

通知書見本

3）クーリング・オフができる場合、できない場合

クーリング・オフについては、特《と》定《くてい》商《しょう》取《とり》引《ひき》法《ほう》という法律に定められている。全ての契約でクーリング・オフが認められるわけではなく、法が特別に認めた場合だけだ。

◯クーリング・オフができる場合（クーリング・オフ期間）

・**訪《ほう》問《もん》販《はん》売《ばい》**（8日間）

営業マンが突然自宅に来て、契約をした場合

路上で呼び止められ、営業所につれていかれ、執拗に勧誘をされて契約をした場合

・**電《でん》話《わ》勧《かん》誘《ゆう》販《はん》売《ばい》**（8日間）

事業者から電話で勧誘を受けて契約をした場合

・**特《とく》定《てい》継《けい》続《ぞく》的《てき》役《えき》務《む》提《てい》供《きょう》契《けい》約《やく》**（8日間）

契約金額が5万円を超え、かつ一定期間を超えるエステティックや語学教室などの契約。

対象の契約には、美容医療、家庭教師、学習塾、パソコン教室、結婚相手紹介サービスがある。

・**連《れん》鎖《さ》販《はん》売《ばい》取《とり》引《ひき》**（マルチ商法・ネットワークビジネス）（20日間）

販売組織に先に加入した者（親会員）が、新たな会員（子会員）を勧誘し、加入者の数に応じてマージンが入るとうたう商法。結局は、子会員を集めることができず、損をさせられる（自分も加害者となる可能性がある。友人を誘って、友人からの信用をなくし、友人もな

くしてしまう)。

「この化粧品を売って会員を増やすと、その会員が別の人に売った分だけ儲かるのよ。」

・**業《ぎょう》務《む》提《てい》供《きょう》誘《ゆう》引《いん》販《はん》売《ばい》取《とり》引《ひき》**（内職商法等） 20日間

事業者が提供・紹介する仕事をすれば収入が得られると勧誘し、仕事に必要な商品を買わせたり、サービスを受けさせたりするなどの金銭的負担をさせる契約。

「行政書士資格をとれば、弊社の方で仕事を紹介しますから、資格取得のための教材セットを購入してください」といわれて教材セットを購入したが、仕事は一切紹介されなかった。

○注意！　クーリング・オフができない場合

どのようなときも、クーリング・オフができる訳ではない。できない契約やできない場合もあるから注意しよう。次の場合には、クーリング・オフはできない。

・通信販売
・自分からお店に出向いて購入した場合
・クーリング・オフ期間を経過していた場合
・購入者が開封、一部消費した消耗品の場合
・営業活動のために購入した商品の場合

このような場合には、消費者にも「冷静に契約ができること」が期待されているからだ。もっとも、「クーリング・オフはできないかも?」と思っても、諦めずに、消費生活センターや弁護士に相談しよう。クーリング・オフができる可能性もあるし、別の方法(詐欺や錯誤等)で解約できる場合もある。

4) なぜ、クーリング・オフが認められたのか?

訪問販売や電話勧誘販売等の契約については、なぜ、クーリング・オフが認められたのだろうか?

クーリング・オフができる契約を眺めてみると、冷静な判断ができずに、業者の営業トークに載せられて、つい契約してしまい、実際に、トラブルになるケースが多い。そこで、法は、消費者を保護するために、クーリング・オフ制度を定めたというわけだ。

民法上も消費者契約上も、詐欺や不当販売等の契約を取り消すことができるとされている。しかし、契約を取り消したいならば、取消しの要件を、取り消したい側が主張し、立証する必要がある。

例えば、詐欺による取消しを言いたいならば、相手が騙したこと、そのために誤って意思表示をしたことなどを証拠によって裏付ける必要がある。「この株、必ず儲かります」と言われたので信じて購入した場合、その言動を立証する必要がある。しかし、それはなかなか難しい。

しかし、クーリング・オフの場合は、立証は簡単だ。クーリング・オフできる契約は定型的に決まっているので、通知書の控えをとっておけば、クーリング・オフをしたことの立証になる。

立証が容易なクーリング・オフによって、業者もクーリング・オフをされたら、あっさり請求を諦めたり、代金の返金に応じやすくなり、消費者の保護が図られる。

コラム　「時間」という名の後見人

東京大学名誉教授の河上正二教授は、次のように述べて、クーリング・オフのことを『時間』という名の後見人」と呼んでいる。

「制限能力者」のように、必ずしも充分な判断力を期待できない者が、法定代理人の判断を重ね合わせることで有効な意思表示ができるように、クーリング・オフ権者には、「時間の経過」を重ね合わせることで（自ら冷静さを取り戻し自己の行為を再吟味することにより）判断を十全ならしめる可能性が与えられている。これは、一定状況下の消費者に対し、いわば『時間』という名の後見人」が付けられているに等しいとも言えよう。「新ブリッジブック　消費者法案内（信山社）」

時間が経過することで、顧客の判断、意思決定の適正さを見直せるというわけだ。

人は、「時間」があることで、冷静に考えることができ、適切な意思決定が下せる。「時間」という名の後見人をつけて、適切な意思決定ができるように、法がサポートしているということだ。

話は少しそれるが、「あの時、どうしてこんな意思決定をしたのだろう。冷静に考えてみれば、そんなことしなかったのに！」と思ったことは、君にもあるだろう。人生もそれなりに経験してくれば、そうした状況も増えてくる。それも人生経験の一つとはいえ、大きな買い物や選択については、そのような後悔は、できれば、避けたいところだ。

一目ぼれ、「運命の出会い」と勢いで判断したこと、気分が高揚しているときに、短時間で決めた判断には、どうしても「あの時はどうかしていた」「なんでこんな物を買ったのだろう」となりやすい。マンションや自動車など高額な商品の購入のときほど後悔の程度も大きくなる。「何かを欲しい！」「買いたい！」という気持ちが盛り上がってきたら、勢いで、「買います」と意思決定をするのではなく、「本当に自分にとって必要なものかな」を問いかける習慣を身に付けよう。

少し、時間をかければ、冷静になれる。すぐに購入の判断をせずに「持ち帰って検討します」と、時間をかけて、冷静な状況で、本当に必要なのかを吟味し、判断しよう。

時間を味方にするのだ。

○第6章の問いかけ

□なぜ、消費者を保護するための法律があるのだろう？
□どのような場合に、消費者契約法の取消しが認められるのだろう？
□どのような場合に、クーリング・オフが認められているのだろう？
□インターネット通販で、クーリング・オフが認められていないのはなぜだろう？
□クーリング・オフの通知をする際に、注意すべき点とは何だろう？
□衝動買いを防ぐためには、どうすればいいのだろう？

第7章

気をつけよう
これが悪質商法の手口だ！

「よお、久しぶり！　いい儲け話があるから、近々会わないか？」

あまり付き合いのなかった中学時代の同級生からの突然の電話。　君ならどうする？

世の中には、残念ながら、悪質商法や詐欺的商法で、お金儲けをしようとする悪質業者がいる。悪質商法の手口と対策法を事前に知っておくと、悪質商法の被害にあわずにすむだろう。そこで、よくある悪質商法の手口を紹介する。ただ、悪質業者は、あの手この手を使って騙そうとするから、ここにないからといって油断してはならない。

1　悪質商法の手口を知っておこう

1）ワンクリック詐欺

手口）出会い系サイトやアダルトサイトなどの無料動画を見ようと画像をクリックしたら、「登録完了しました。7日以内に、10万円をお支払いください」と料金を請求された。「期限内に支払わなければ、延滞料が加算されます。法的措置を講じます」とあった。驚いて、「解約はこちらへ」という電話番号に電話をすると、名前や住所、年齢をきかれ、18歳以上は解約できないので、お金を払うように言われた。

最近は、ワンクリック詐欺ではなく、「ゼロクリック詐欺」というのもある。ネットの画面を見ていたら、クリックもしていないのに、突然「○○円をお支払いください」という画面が繰り返し表示されることもある。

対策） 何もしていなければ、画像をワンクリックしただけでは契約は成立しない。当然のことながら「登録する」「契約を申し込む」というボタンをクリックしてはいけない。

悪質業者の目的は、「契約してしまった」と困惑させて、個人情報を入手し、繰り返し請求をかけて、お金を騙し取ることが目的だ。だから、「○○円をお支払いください」「登録完了」という画面が出ても慌てず、決してお金を払わない、電話をしない、メールをしない。

予防としては、出会い系サイトやアダルトサイトを見ないことだ。またメールにＵＲＬをクリックするように、誘導されることもあるので、怪しいメールのＵＲＬは絶対にクリックしないようにする。

2） フィッシング詐欺

手口） クレジット会社や大手通販サイト等を語る偽メール、電子掲示板やＳＮＳの投稿サイトにＵＲＬを掲載して、アクセスを誘導することもある。

例えば、大手通販サイトから「異常なログインがありました。こちらのＵＲＬにアクセスして本人確認をお願いします」というメールがきた。慌てて、ＵＲＬをクリックし、そのサイトで、個人情報やクレジットカード情報を入力したら、カードを不正利用されてしまった。

また、宅配便の不在通知を装ったニセＳＭＳ（ショートメッセージサービス）によって、個人情報を入力させ、個人情報を抜き出そうとする手口もある。

対策） 偽メールは、実に巧妙に本物そっくりに作られている。メールや電子掲示板にあるＵＲＬにアクセスをしないこと。もしアクセスしてしまったら、ＩＤやパスワード、口座情報、個人情報等を入力しないようにする。個人情報等を抜き出すことが彼らの目的だから、個人情報を安易に入力しないよう、個人情報の管理には気をつけよう。

予防としては、銀行や通販サイト等にアクセスする際には、検索サイトで銀行名等を入力して公式サイトにアクセスをするようにする。

３）格安をうたう模倣サイト

手口） 有名メーカーの模倣サイトで、有名メーカーの商品（家具や家電が多い）が格安で販売していると思い込ませて、購入させる。代金を払っても、商品がこない、違う物が届けられる。連絡をしても連絡がつかない。

例えば、ネット広告で表示された有名家電メーカーのサイトで、高級掃除機が半額以下の価格で販売されていたので注文したら、商品が送られてこなかった。サイトに記載されている連絡先に電話したら、模倣サイトだとわかった。
　模倣サイトは、海外の悪質業者が多く、被害にあうと、業者と連絡がとれず、被害回復が困難なことも多いので注意が必要だ。

対策） 模倣サイトは、販売価格が大幅に値引きされているという特徴がある。その他に、日本語がおかしい、サイト内のリンクが適切に機能しない、決済がスムーズにいかない、事業者の所在地の記載がない、事業者への連絡方法が、問い合わせフォームやフリーメールだけといった特徴があるが、巧妙に作られているので、真偽の判断は難しい。極端に格安になっている場合は、怪しいと思って購入しないことだ。

４）「お試し」商法～詐欺的定期購入商法

手口） 健康食品や化粧品等で「お試し５００円」「初回無料」という広告で、申し込ませて、２回目以降が高額な定期購入で、購入者が、解約しようと思っても、連絡がつかないなど、解約を困難にさせているのが特徴だ。
　例えば、広告を見て「初回５００円」という定期購入の健康食品を申し込んだ。２回目からは、５０００円と高くなるが、いつでも解約できるということもあって、申し込んだ。解約しようと窓口に電話をしたが、つながらない。そうこうしているうちに時間が過ぎて、2回目の請求がきてしまった。

対策）「お試し」といって、初回無料や格安になっている場合には、定期購入とつながっていることも多いので、契約の条件については、よく確認する。お試しで、あらたに契約の申し込みをせずに、定期購入となっていることもあるから注意が必要だ。

必ず「最終確認画面」で、定期購入が条件となっていないか、2回目以降の分量や代金額などの販売条件、解約するための条件等を確認する。お試しの部分、初回の低価格が強調されていて、契約条件や解約方法などの表記が小さく読みづらい場合には、悪質な業者と思って、購入しないことだ。

通販サイトを通じて、商品を購入する際には、サイトや申し込みの最終確認画面を印刷したり、スクリーンショットを撮るなどして、契約内容を記録しておく。販売業者に連絡したメールやＦＡＸ、電話等も記録しておくとよい。

なお、特定商取引法によって、販売業者には、販売サイトの「最終確認画面」において、商品の分量、代金、支払の時期、引渡の時期、申し込みの撤回や解約に関することなどの契約の基本的な内容について、購入者が確認できるように表示することが義務づけられている。もし、販売業者がきちんと表示をしなかった場合には、購入者は、申し込みの取消しができる。

購入する側としては、その「最終確認画面」をよく確認して、納得の上で、購入するかどうかの判断をすることが大切だ。

5）「簡単に高収入、儲かる」商法

手口）「1日数分の作業で月に○○万円を稼ぐ」「○万円がＦＸで○億円になる投資法」といった副業や投資で簡単に高額収入が得られると称して、実際には役に立たない情報商材を高額で売りつけてくる。「ラクしてお金儲けがしたい」「お金持ちになりたい」という人の心理につけこむ。

例えば、消費生活センターには、

・副業に関する情報商材の相談

「誰でも簡単に稼げるという安価な情報商材を購入したら、高額の商材の契約を勧められ、返金保証もあるといわれたので、契約をして代金を払ったが、サポートもなく、儲からないので、解約と返金を求めたが、断られた」

・投資に関する情報商材の相談

「ＳＮＳで毎月高額な利益を得られるＦＸの情報商材についての無料セミナーに出かけると、簡単に誰でも利益が得られると強調され、高額な情報商材の契約を勧められ、契約をしたが、無価値な内容で、利益をあげることができなかった」
が寄せられている。

対策

・簡単に儲かるという話はない。「簡単に儲かる」という勧誘を受けたら、悪質な業者と思っていい。そのような「儲け話」に決してのらないことだ。
悪質業者は、「全力でサポートをする」と言うが、そのようなことはしないし、「返金を保証する」と言って、返金をすることもない。

・高額な契約を勧誘されたら、きっぱりと契約を断る。

・クレジットカードで高額決済や借金をしてまで契約をしてはいけない。お金がないと断っても、クレジットカード利用や借金を勧めてきたら、その業者は、まず悪質業者だ。断るときは、「お金がない」と断るのではなく「興味がない」と言って断ろう。

・情報商材（例えばＦＸ必勝法など）は契約前に中身を確かめることができないために、価値のない情報もよくある。少しでも怪しいと思ったら業者には連絡をしないで、無視することだ。

6）就職セミナー商法

手口）「このままでは就活成功は無理。このセミナーが必要」と不安をあおって、高額なセミナーを受講させる

対策）不安をあおるようなことを言われたら、就活セミナー商法だと思って、それ以上は話を聞かないことだ。不安をあおってきた時点で、悪質業者だと思っていい。

7）マルチ商法（ネットワークビジネス）

手口）マルチ商法とは、健康食品や化粧品などの商品を購入し、会員になって、人を紹介すれば簡単に紹介料で稼げると言って、商品を購入させるものだ。学生や若年者が被害にあいやすい。「ネットワークビジネス」と感じのよい言葉で誘ってくる。近年は、国民生活センターには、ファンド型投資商品や副業などの「モノなしマルチ」に関する相談が増加している。国民生活センターに寄せられた相談には、次のようなものがある。

「中学時代の友人からいい話があるから会わないかという電話があり、レストランで会っ

た。別の勧誘者も同席し、『海外の不動産に投資をすれば仮想通貨で配当があるので、消費者金融で借金をしても埋め合わせができる。投資者を紹介すれば紹介料を受け取ることができるので、借金の返済は簡単だ』と説明を受けた。学生だと借金できないので結婚式の費用として借りるように指示され、消費者金融４社から総額約１３０万円を借金して、代金を友人に手渡した。しかし、契約書面や領収書は受け取っておらず、セミナーにも参加したが投資の仕組みの説明は全くなかった。友人に解約の連絡をしたところ、半額しか返金できないと言われた。」（20歳代　男性　国民生活センターホームページより）

マルチ商法の特徴は次のような感じだ。

・友人や知人、ＳＮＳやマッチングアプリで知り合った人からの誘いが多い。
・「いい話があるから会わない？」と言って誘ってくる。
・「食事にこないか」などと別の目的で呼び出され、会ってみると、投資やビジネスなどの儲け話を持ちかけられる。
・友人や知人のほかに別の勧誘者が同席することもあり、その同席者の成功談を聞かされる。そして、「一緒に投資やビジネスをやって儲けよう」「儲けることは簡単だ」と儲かることを強調する。

・「将来に不安はないのか」「今やらないと一生ダメだ」などと不安をあおる。
・「お金がない」と断ろうとすると、消費者金融からお金を借りることを促し、会員になって、誰かに紹介して会員になってもらえば、借金はあっという間に返せて、さらに儲かると勧める。
・業者の連絡先に住所や固定電話がなく、ＬＩＮＥやメールだけだったりする。

君は、友人から何か誘われたときに、断ると友人に悪いから、友人をがっかりさせたくないと思って、気がのらなくても断れなかったことはないだろうか。

人はそもそも何か誘われたり、お願いされたりすると、「ＮＯ」と断ることに程度の差はあれ、ストレスに感じるものだ。特に、知り合いや友人からの頼みは「嫌われたくない」と思い、断れなくなる。

また、友人から「自分もやっている」「君もやるといいよ」と勧められたら、信用もするだろう。このような「友人から誘われたら断りづらい心理」「友人の勧めを信頼してしまう心理」を悪用するのが、マルチ商法のやり方だ。

対策）では、このようなマルチ商法に引っかからないために、どうすればいいだろうか？

・マルチ商法のパターンを知って、怪しいなと思ったらきっぱり「契約しません」「興味ありません」と断る。

・あまりやりとりのなかった友人や知人から、「いい話があるのだが、今度会ってみないか」と誘われたら、「興味がありません」と会わないようにする。話を聞いてしまうと、断りづらくなる。

・マルチ商法を勧誘してくる友人との関係は、断ち切ってもかまわない。というか、そういう人は、君を食いものにしようとしているわけで、友達でもない。

・「人を紹介すれば、儲かる」「いい儲け話がある」という話がでてきたら、「興味ありません」とただちに席を立ち、話を中断する。

・断り方として「お金がない」とは言わずに、「興味がない」と言おう。「お金がない」と言うと、彼らは、「借金すれば大丈夫」「借金の仕方を教える」と言って、食い下がってくる。

・勤務先や住所等の個人情報は絶対に教えないようにしよう。

8）アポイントメント商法

手口） アポイントメント商法とは、電話やメールなどで、「あなたは抽選の結果、当選しました」「高額商品を進呈する対象になっているので取りに来て欲しい」「安く旅行へ行ける会員になれる」「アンケートに答えて欲しい」などと気を惹きつけ、喫茶店や営業所・展示会場などに呼び出し、高額な商品やサービスの契約をさせる商法のことだ。

国民生活センターの統計によれば、これまでは、20歳代から30歳代の男性が被害にあうことが多かったという。勧誘員から長時間にわたり商品やサービスの説明をされ、時には説明が深夜まで及ぶこともある。断わりにくい雰囲気になり、早く帰りたいので契約をしてしまうのだそうだ。

対策）「〇〇したので、来て欲しい」と言われたら、怪しいと思って、「興味ありません」とはっきりと断ろう。美味しい話はない。

9）送りつけ商法（ネガティブ・オプション）

手口） 注文していないのに健康食品や魚介類を一方的に送りつけ、受け取ったら支払う義務があると思わせて、代金を請求する。代金引換で送ってくる場合もある。

例えば、しつこく海産物購入の勧誘電話があり、断っていたら、その事業者からカニが送りつけられ、代金を支払うよう請求書が入っていたというものだ。

対策） 送りつけた商品を受け取っても、代金を支払う必要はない。売買契約は成立していない。商品を開封、処分しても支払義務はない。その商品は、返送する必要もなく、ただちに処分してもかまわない。商品の代金を誤って支払った場合には、返金を求めることもできる。

10）デート商法（恋人商法）

手口） マッチングアプリや出会い系サイトで知り合った相手をデートに誘い、恋愛感情を抱かせ、悪用して、宝石や絵画などの商品を購入させる。

販売員であることを隠して、異性として興味があるかのように接近してきて、相手に「恋人関係」であると誤信させる。「恋人商法」とも呼ばれる。恋愛経験の少ない若者が狙われやすい。

自分としては、「恋人」からプレゼントをねだられたと思い、「恋人」のために、宝石を購入していると思うだけで、騙された意識はない。しかし、その後、「恋人」は姿を消し、連絡がつかなくなる。

例えば、マッチングアプリで知り合った女性からデートに誘われ、女性が勧める宝石店に案内され、女性から「このダイヤモンド欲しい」とねだられ、クレジットで購入したが、その後、女性と連絡がつかなくなったというものだ。

対策） 異性からアプローチされ、宝石や何かの商品を買って欲しいと言われたら、デート商法を疑う。物をねだってくる相手は、君のことが目的ではなく、物が目的なのだ。そんな相手は、こちらから相手にしないことだ。

11）霊感商法

手口） 単なる壺や印鑑などに、あたかも霊力があるように、言葉たくみに思わせて、不当に高い値段で売り込む商法だ。

例えば、「あなたには悪霊がついている。このままでは災難が起きる。この壺《つぼ》を買えば、悪霊が逃げて行く」と言って、不安をあおり、壺を高額な代金で買わせようとする。

霊感商法に似たもので、「霊視商法」というのもある。霊視商法とは、あなたには、悪霊がついている、このままだと家族が死ぬなどと脅かして祈祷などの名目でお金を取る商法だ。

精神修養セミナー、自己啓発セミナー等を装って、セミナーに勧誘し、そこで悪霊の話が出てくることもある。

対策） 霊といった目に見えないもので、不安をあおってくることに特徴があるから、そのようなことを言われたら、悪質商法と思って、一切無視することだ。

2　ＳＮＳを利用した契約に注意！

近年、ＳＮＳをきっかけとした消費者トラブルが急増している。ＳＮＳでは、「ともだち」などと、親近感を醸し出して、信用させようとする。しかし、相手の素性はよくわからない。住所などの連絡先もわからないために、トラブルになった後、連絡がつかないということもよくある。

ＳＮＳで「ともだち」のフリをして親しげに近づいてくる悪質業者もいるから注意して欲しい。

手口）

・ＳＮＳで知り合った人から、コンサートチケットを購入し、代金を支払ったが、チケットが届かない。連絡しようとしてもつながらない。

・SNSで知り合った人から、100万円を借りることになったが、「20万円の融資に対して保証金が1万円必要」と言われ、5万円を支払ったが、その後連絡がつかなくなった。

友達などと、親近感を醸し出して、信用させようとするSNS上の連絡先はすぐに遮断される（お金を受け取って、すぐにドロンしてしまう）。

対策） SNSで知り合った人を安易に信用しないことが一番だ。SNS上で契約はしない。SNSをきっかけに、基本的にお金を払うことはしない、見知らぬ相手からお金を借りたり、貸したりすることはしないようにしよう。

3 悪質業者の特徴を知っておこう

悪質業者は、「自分は悪質業者です」という顔をして近づいてこない。善良で親切な業者として近づいてくる。

・最初は感じがいい。フレンドリーに接してくる。優しくする。

「こんなに優しくしてくれるのに断ったら悪いな。人のよさそうな人が勧めるのだから、買っていい商品だろう」と信用させようとしているのだ。

・しつこく買わせようとする。

・不安につけこむ。不安をあおる。

「このサービスを購入しなければ、○○できませんよ」「○○といった悪いことがおきますよ」

・今だけを強調する。

「今日限りですよ」「あと1個だけですよ」

・冷静に考える余裕を与えないようにする。

・長時間説明した後に、「ここまで説明して、契約をしないのか」と威圧的な態度にでる。

・すでに契約は成立したからとお金を払わせようとする「契約の拘束力」を強調する。

・解約をさせないようにする（高額な違約金を払わせようとする）。

※消費者はどんな理由でもキャンセルできないとする条項は消費者契約法で無効とされている。

※困ったな、怪しいなと思ったら、すぐに消費生活センターや弁護士に相談をして欲しい。

○第7章の問いかけ

□悪質商法には、どのような手口があるのだろう？
□就職セミナー商法とは何だろう？
□マルチ商法とは何だろう？
□悪質業者からの勧誘に対しては、どのように断ればいいのだろう？
□悪質業者の特徴とは何だろう？
□悪質商法の被害にあわないために、どのようなことに注意すればいいのだろうか？
□悪質商法や契約トラブルで困ったら、どうすればいいのだろうか？

第8章

借金で困らないようにするために

「保証人になってくれないか？
絶対に迷惑かけないから。頼む！」

高校時代の友達から頼まれた。君ならどうする？

君は、「自分が将来、借金で困って生活する」とは、思っていないだろう。当然、借金に困らない生活がいちばんだ。ところで、「借金に困っていない生活」ってどのような生活だろうか？　単に「借金がない生活」ではない。実は、「借金に困っていない生活」がどういう状態かをよく知らないために、すでに「借金に困っている生活」になっていることもある。最初はちょっとだけ借りたつもりが、いつの間にか多くの金融機関から借り入れを行って、借金が膨らみ、気が付けば、自己破産しか選択肢がない場合もある。将来、借金で困らないために、借金のことについてしっかり学ぼう。

1 借金って何？

1 借金のしくみ

お金を借りることも契約だ。「**金銭《きんせん》消費《しょうひ》貸借《たいしゃく》契約《けいやく》**」という。金銭消費貸借では、貸主は、お金を貸し、借主は一定期間後にお金を返済する。利息がつかずに、借りた金額（元金という）だけを返済すればいい消費貸借契約もあるが、銀行や貸金業者から借りれば、当然利息がつく。そこで、借主の債務としては、期限までに元金と利息を返済するという内容となる。

利息というものは、どんどん増えていく。年10％という利息の場合、10万円借りたら1年後には11万円を返済しなければならない。そして、簡単に借りられるところほど、利息が高い傾向にある。「足りない分は、別のところから借りればいい」と安易に借り入れに頼ると、借金は雪だるま式に増えていくことになる。

生活費が足りなくて、業者への返済に困っている場合、つい頼ってしまうのは、銀行や信販会社、消費者金融業者からのキャッシングだ。スピード審査で、保証人や担保不要で、容易に借入れすることができる。しかし、その反面、年18%といった高い利息が付されることもある。年18%といえば、１００万円を借りると、1年後には、利息が18万円（月だと約1万５０００円）ついてしまう。

貸金業者は、営利を目的として、貸金業を行っている。審査が緩やかであるということは、それだけ貸し倒れリスクを負っているので、金利を高くすることで、利益を確保しようとする。

特に、高利金融業者、いわゆるヤミ金は、借りるときは、優しく簡単に貸してくれるが、返済できなければ、しつこく苛酷な取り立てをする。会社や家族にまで連絡がいってしまう。絶対にヤミ金には手を出してはいけない。

利息は、現金を借り入れるキャッシングだけではなく、商品やサービスを購入した際に、分割払いにするときにも、利息がつくので注意が必要だ。

2 借金が増えてしまう理由

借金をするのはどのような場合だろう？

借金をする理由は、いろいろあるが、収入や貯蓄だけでは、必要な物の購入をできない場合に借金をして、購入費用を補うといったことがあげられる。１００万円の中古自動車を購入する際に、手元にお金がなければ、ローンを組んだりして、お金を用立てるだろう。

一方、仕事を辞めて収入がない場合、当座の生活費を工面するために、金融機関から借り入れせざるを得なくなる。

収入がなくなったり、減少したり、あるいは、支出が増えてしまって生活費が足らなくなれば、生活していくために借り入れせざるをえない。つまり、「収入＜生活費支出」になると、借金に頼るようになる。

「第4章2　身の丈にあった消費を意識する」で作成した家計収支表を見てみよう。収入と生活費支出を比べて、どちらが大きくなっているだろうか。「収入＜生活費支出」になると、もし貯金がなければ、収入と生活費支出の差額を、借入金でしのぐ必要がある。

「収入＜生活費支出」となって、借り入れをすれば、当然のことながら生活費支出に加えて、借入金返済がプラスされることになり、ますます家計は苦しくなる。

例えば、先月まで20万円の収入で、生活費支出が18万円であったのが、今月から収入が

15万円に減少したとする。その場合、生活費が3万円不足する。仕方なく3万円借り入れをすることにし、借入金を分割で月5000円返済することにした（支出に借入金返済が加算）。すると現在は、15万円の収入＜生活費支出18万円＋5000円の借入金返済となって、生活費不足分が、3万5000円となり、またこれを新たな借り入れで用立てることになる。そして、またその借入金返済月5000円が新たに加算される……。このようにループにはまって、借入金がどんどん増えていくことになる。借入金が増えていくと、A社への返済のために、B社から借り入れをして、B社の返済のためにC社からまた借り入れをしてと、「多《た》重《じゅう》債《さい》務《む》」の状況に陥ってしまう。

3 自分が借りてなくても借金を背負うこともある　～保証契約

君が社会人となって、高校時代の友達から「保証人になってくれないか。絶対に迷惑はかけないから」と頼まれたらどうするだろうか？

君は、友人の頼みを断りきれずに保証人となったと想定しよう。この保証人になるということも保証契約という契約の一つだ。誰と誰との契約といえば、債権者と保証人との間の契約だ。保証契約は、お金を借りた人（債務者）と保証人との間の契約ではない。

保証契約を、債権者との間で結ぶことで、君には、保証人としての責任が生まれる。どのような責任かと言えば、本来お金を返す友人（債務者）が返済できないときに、君が友人のかわりに、借金を債権者に返済するという責任だ。

自分はお金を借りていないのに、返せない友人のかわりに借金を払わなければならないという責任が生じる。「自分は関係ありません」とは言えない。それが保証人になるということだ。保証人には、「保証人」と「連帯保証人《れんたいほしょうにん》」とがあって、保証人ならば、請求をされたときに「まずは、借りた本人に言ってよ（催告《さいこく》の抗弁権《こうべんけん》）」、「借りた本人には、回収が簡単な財産があるでしょ（検索《けんさく》の抗弁権《こうべんけん》）」がある。

しかし「連帯保証人」には、この催告の抗弁権、検索の抗弁権はない。そして、実際上は、「連帯保証人」になっていることがほとんどだから、債権者から「保証人ですから、かわりに払ってください」と請求をされると、催告や検索の抗弁権もなく、自分が債権者に支払わなければならなくなる。保証人になるというのは、重い責任を負担する覚悟が必要だ。したがって、保証人になることは、お勧めしない。

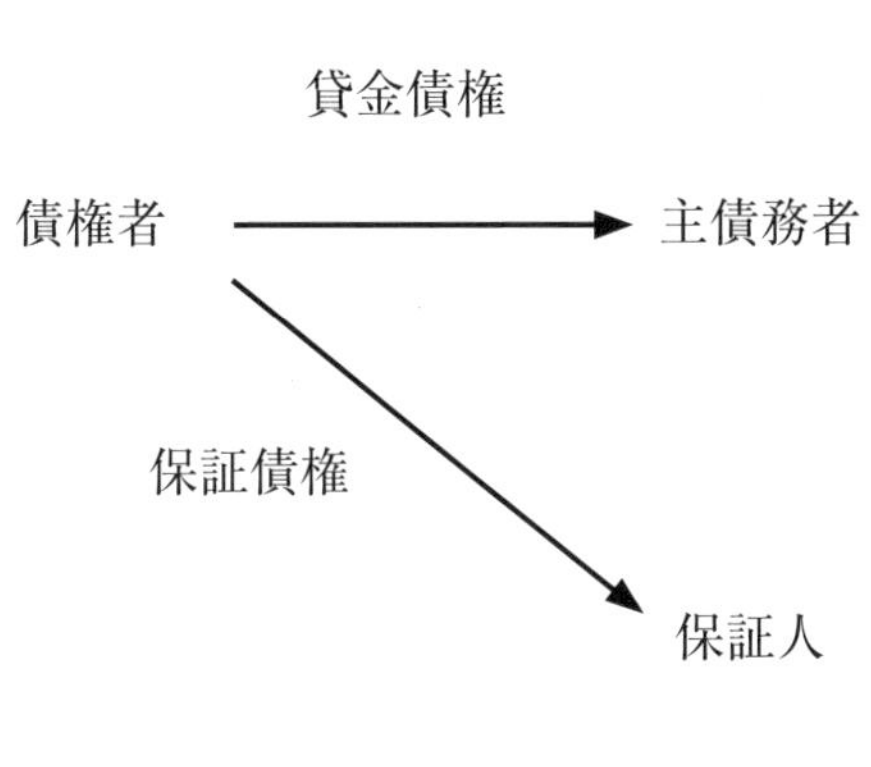

私は、「大丈夫。絶対に迷惑をかけないから」と言われて連帯保証人になり、結局主債務者の友人は破産をしたり行方不明になったりして、借金の肩代わりをした人や、破産をした人をたくさん見てきた。

債権者から請求を受け取ってから、友人に対して、「あの時、絶対に迷惑はかけないと言っただろ、君がなんとかしろよ」と、責めても、友人は返すお金がないのでどうしようもない。債権者に対して「友人は絶対に迷惑をかけないと言っていたから、そちらへ言ってください」と答えたところで、債権者は「それは、あなたと主債務者との間のことで、こちらには関係がありません」と、債権者が君への請求を諦めることもない。連帯保証人となった以上は、友人が返済をしないかぎり、責任は消えないのだ。

契約は、契約書がなくても口約束で成立するのが、原則だ。しかし、保証契約については、保証人に重い責任を負わせることがあるから、口約束では成立せず、書面で契約締結をしなければ、効力を生じないとされている（民法第446条2項）。

さらに、個人が事業資金の借り入れなどについて保証をする場合には、公正証書を作り、公正証書の中で、保証する意思があることを表示しなければならないとされた（民法第465条の6）。

友人から「この書面にサイン押印するだけでいいから」と何かの書類を渡され、意味もわからずサインと押印をしてしまった。それが実は、連帯保証人となる保証契約書だったということもあるかもしれない。

保証契約の場面にかぎらず、何かの書類にサインをするように頼まれたときは、「何の」書類かを、よく確かめてからにしよう。その書面がどういう意味持つ書面かよくわからないまま、決してサインや押印をしてはいけない。そのとき頼んでくる人の「大丈夫だから」という言葉も信用してはいけない。もし、その書面の意味がよくわからなければ、「持ち帰って考える」と言って、その書面を受けとり、消費生活センターや弁護士に相談して欲しい。

債権者から請求された後から、「保証契約の書面とは知りませんでした」「何の書面かよくわからずサインしました」と言っても、原則としてその弁解は認められない。書類にサインしたことは、「その書類の意味をわかった上で、サインしただろう」と思われても仕方がないのである。実はこうして、よくわからないまま頼まれて、連帯保証人となる保証契約書にサインをして、後で酷い目にあう人が多数いる。

そこで、民法の改正では、事業のために負担する債務の主債務者が、保証人になってもらうための委託をする際には、主債務者の財産や収支の状況、借金の負担の有無、額や返済の状況等について情報を提供しなければならないとした（民法第４６５条の10）。

2　借金に困っている状況とは？

借金を抱えてしまう要因としては、

・「収入＜生活費支出」になっていること
・保証人になって、主債務者が破綻したこと

だった。

いったい、借金に「困っている状況」とはどういう状況なのか。単純に借金があるから、「借金に困っている」ということにはならない。借金をしていても計画どおりに返済をしているのなら問題はない。一戸建てやマンションを購入したときに、住宅ローンの借り入れをする人が多いが、住宅ローンがあっても、月々の返済が無理なくできるのなら「借金に困っている」状況ではない。

では、「借金に困っている状況」とはどういう状況なのか？　結論から言えば、毎月、借金を返済しなければならない金額（約束返済額）と、収入から必要な生活費を引いて、返済にあてられる金額（返済可能額＝収入－生活費支出）とを比べて、約束返済額が返済可能額より大きい状況のことだ。

家計収支表を作れば、返済可能額（収入－生活費支出）がひと目でわかる。約束返済額は、

借入先が金融機関1社だけならすぐわかるが、複数社の場合には、借入先一覧表を作成してみるとよい。

　借入先一覧表というのは、「借入先、借金残額、毎月返済しなければならない金額（約束返済額）」を表にしたものだ。借入先一覧表によって、約束返済額がわかる。

　請求書や契約書があればそれを見ながら、業者への借金総額と毎月の約束返済額を表にしてまとめていく。この借入先一覧表の例だと、毎月の約束返済額は月4万円ということになる。その上で、返済可能額（収入－生活費支出）と約束返済額を比べると、返済可能額と約束返済額は、どちらが大きいだろうか？

「返済可能額（収入－生活費支出）＞約束返済額」なら、とりあえず大丈夫だ。

「返済可能額（収入－生活費支出）＜約束返済額」であれば、何らかの対策が必要ということになる。すなわち、これが「借金返済に困っている状況」と考えればよい。

	残額	毎月の約束返済額
A社	30万円	1万5000円
B社	20万円	5000円
C社	100万円	2万円
計	150万円	4万円

借入先一覧表の例

借金に困っている状況

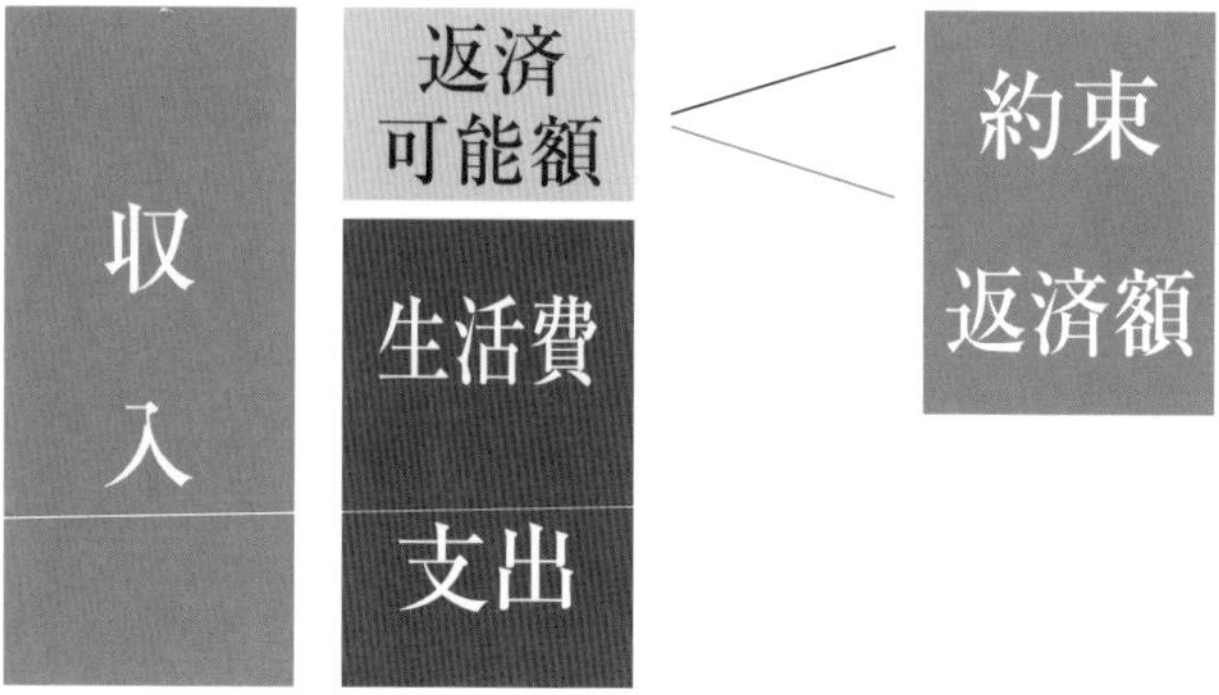

先の家計収支表では、収入20万円から支出15万円を差し引けば5万円のあまりがあるから、毎月の約束返済額が4万円であれば、これを返済しても、1万円の余裕があり、返済を続けていける。

収入20万円―生活費支出15万円＝5万円の返済可能額
毎月約束返済額4万円だから
返済可能額（収入―生活費）＞約束返済額
5万円（20万円―15万円）＞4万円
となって、約束どおり返していけるだろう。

問題となるのは、
返済可能額（収入―生活費支出）＜約束返済額
の場合、例えば、収入額から生活費支出を引くと5万円のあまりがあるところ、毎月8万円の約束返済額があるというような場合だ。
返済可能額（収入―生活費支出）＜約束返済額

5万円（20万円−15万円）＜8万円

これでは、収入だけでは、毎月の約束返済額を払っていくことができない。そのため、どこから足りない分を用立てる必要がある。3万円足らないので、援助をしてもらえなければ、新たに3万円を借り入れて用立てるしかない。

そうすると、また新しく借り入れた返済のために、毎月の約束返済額が増加してしまう。例えば、新しい借入先の約束返済額が毎月5000円ならば、これまでの8万円に5000円が加算されて、毎月8万5000円が合計の約束返済額となり、収入と生活費支出が変わらなければ、不足分は3万5000円となって、また借入を繰り返す、という多重債務のループにはまってしまうことになる。

3　借金に困らないためにどうするか

1　自らの家計収支を把握し、生活費支出を収入より低く抑える

借金に困らないための最初のステップは、自らの家計収支の状況を把握して、生活費支出が収入以内におさまるようにコントロールすることだ。簡単なものでもいいから、家計収支

表を作る。そのうえで、現在の生活費支出が、収入の範囲内におさまっているか、収入―生活費支出の余りがどれだけあるのかを確認してみるとよい。

2 収入から先に一定額を差し引いて貯金をする

君が社会人になって収入を得たら、少額でもいいから毎月一定の金額を積み立て貯金することを勧める。収入から先に、貯金する額を差し引いて、それで生活をしていく習慣を身に付ける。無駄な支出を抑えることができるし、いざ高額な商品を必要にせまられて購入する際にも一定の貯金があれば、借入しないで購入できる。積立を習慣にすると、いつの間にか、結構な金額の貯金が貯まっていることもある。貯蓄の余裕が、借金生活を遠ざけることになる。

3 借入をする際には、毎月の約束返済額が返済可能額以内になるようにする

借金に困らないためには、借金をしなければいいのだが、パソコンや自動車といった金額の高いものを購入する際に、ローンを組まなければならない（借金をしなければならない）こともあるだろう。

その際には、自分の返済可能額（収入―生活費支出）の余裕の中にとどまるかを確認し、

できれば、返済可能額からさらに1万円は引いた金額内にして欲しい。例えば、返済可能額が3万円（収入15万円―生活費支出12万円）の場合、2万円以内の約束返済額にとどめるのだ。

ここで、自分の返済可能額を上回る約束返済額となる借入をしてしまうと、借金に困る生活へまっしぐらとなる。どうしても欲しいものがあるとき、君は「収入を増やせばいい」「生活費を削ればいい」と思うかもしれない。しかし、収入を増やすことは難しいし、今の生活費支出を抑えていくことも、それほど容易ではない。現在の状況から、自分の返済可能額では、対応できないならば、その商品の購入は、今は諦めたほうがいい。

4　借金に困ったらどうするか？

1　自分でできる借金問題解決法

もし、借金に困っている状況に陥ったらどうすればいいか。「借金に困っている」状況とは、

返済可能額（収入―生活費支出）＜約束返済額

だった。何も手をうたず、そのまま放っておけば、借金は増えて、ますます借金に困ることになる。借金には、さらに利息も付いて、雪だるま式に増えていく。では、借金に困った状況を解決するためにはどうすればよいのだろうか？

「借金問題に困っていない」状況とは、

返済可能額（収入−生活費支出）＞約束返済額

だった。すなわち、収入だけから、約束した返済が可能な状態を維持している状況のことだ。そこで、

返済可能額（収入−生活費支出）＜約束返済額

↓

返済可能額（収入−生活費支出）＞約束返済額

の状況に変える必要がある。

もし収入が15万円、生活費支出が15万円、約束返済額が3万円という状態であれば、15万円−18万円＝−《マイナス》3万円と、返済のために3万円が不足しているので、3万円の不足をどうにかしなければならないということになる。どうすればいいと思う？

返済可能額（収入−生活費支出）＜約束返済額　「借金問題に困っている」

↓

返済可能額（収入−生活費支出）＞約束返済額　「借金返済に困っていない」

この状況で、数字を変えられそうなところは、３つある。そう、「収入」「生活費支出」「約束返済額」だ。ここの数字（金額）を変える努力をする。そこで、借金問題を解決するためのポイントは、

①収入を増やすこと　　収　入アップ↑
②生活費支出を減らすこと　　生活費ダウン↓
③約束返済額を減らすこと　　返済額ダウン↓

になる。どれか1つでも効果はあるが、３つ全てを変えることができれば、より効果的だ。

借金問題で悩んでいるとき、漠然と借金に追われているようで、大変だ、でもどうすればいいのか考える余裕がないという場合も多い。しかし、「収入」「生活費支出」「約束返済額」と分解して、現在の自分自身の現状を確認してみると、

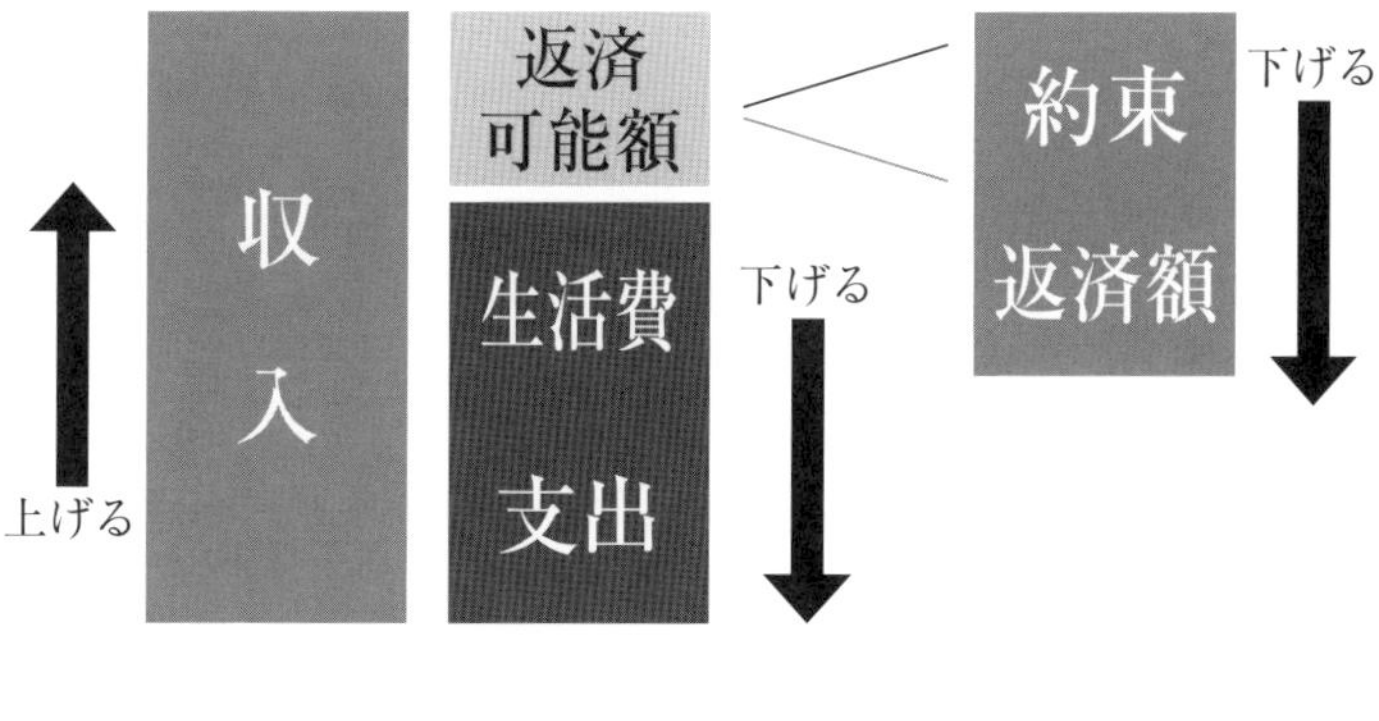

「自らの現状の問題点」が見えてきて、解決に向けて具体的に自分は何をしなければならないかが、わかるようになる。返済可能額＜約束返済額の差額が小さければ、①収入アップや、②生活費支出を減らすことによって、自分だけで借金問題を解決することも可能だ。借入先にお願いして③毎月の約束返済額を減らしてもらうこともできるかもしれない。

収入を上げることは難しいが、生活費支出は比較的コントロールしやすい。自分が作った家計収支表を見て、抑えられる支出はないか、無駄遣いをしているところはないか、チェックしてみよう。

2 弁護士に依頼する3つの借金問題解決法

「返済可能額＜約束返済額」の差額が大きく、生活をしていくために、新たな借り入れをしている状況ならば、抜本的な手を打つ必要があるから、弁護士に相談して欲しい。

弁護士は、状況に応じて、約束返済額を減らすための、任意整理《にんいせいり》・個人再生《こじんさいせい》・自己破産《じこはさん》といった解決方法を教えてくれるだろう。

1）任意整理

任意整理は、自己破産や個人再生と異なり、裁判所の手続きを利用しない。依頼を受けた弁護士が、各債権者と個別に交渉して、債務者が支払い可能な分割返済払いをまとめていくものだ。その多くは最後の取引日までの残金を固定させて、それを60回（5年）払いなどに分割する返済計画案を提案する。債権者が合意してくれれば、返済計画について和解書にまとめる。

借金総額が減ることはまずないが、長期分割払いにすることによって、毎月の約束返済額を減らすことができる。

2）個人再生

個人再生は、一定の収入がある人を対象にして、このままでは返済困難だけれども、借金を圧縮し、返済額を減額することで、返済を継続できるようにする法的手続きだ。

個人再生をやると、借金総額等の状況にはよるが、5分の1などに圧縮され、圧縮した借金を3年ないし5年の分割払いにする。例えば、500万円の借金が、100万円となり、それを3年の分割にすれば、月約3万円の返済となり、ずいぶんと楽になる。

3）自己破産

自己破産とは、借金の支払が不能に陥った債務者が裁判所に申し立てをして、裁判所から選任された破産管財人《はさんかんざいにん》によって今持っている財産をお金に換えて、債権者に平等に返済する手続きで、これと同時に行われる免責手続《めんせきてつづき》によって、残っている借金を全て事実上消滅させるものだ。借金を全て消し、約束返済額もゼロにしてしまう強力な手続きだ。

借金が全て無くなるという強力な手続きの反面、３つの手続きの中で、デメリットも一番大きく、持っている主な資産（例えばマンションなどの不動産）を手放す必要はある。しかし、全ての財産を手放す必要はなく、家財道具や生活用品を手放す必要はない。自宅不動産を持っていない人にとっては、実はそれほどデメリットは多くない。

この３つの手続きは、約束返済額を圧縮ないし消滅させるという借金問題解決の抜本的な解決方法であり、弁護士に依頼する方がよい。病気や怪我をした場合の医師による治療や手術のイメージだ。そして、借金問題は、向き合って対応すれば、必ず何とかなる。もしも、将来君が、借金問題で悩むことがあったら、一人で悩まず、弁護士に相談して欲しい。

○第8章の問いかけ

□なぜ、借金が増えてしまうのだろうか？　借金が増えてしまう原因は？

□連帯保証人になるということは、どのような責任を負うことになるのだろうか？

□知人や友人から「絶対に迷惑をかけないから、保証人になって欲しい」と頼まれたら、保証人になっても大丈夫だろうか？

□「借金に困っている状況」とは、どのような状況だろうか？

□現在の自分の収入額から必要な生活費を引いた差額はいくらあるのだろうか？

□借金に困らないためにどうすればいいのだろうか？

□もし、借金に困ったらどうすればいいのだろうか？

□弁護士を通じて行う借金問題解決法には何があるだろうか？　それぞれの特徴は何だろうか？

第9章

交渉力を身に付けよう！

1個のオレンジをめぐって姉妹が言い争い。

姉「私が年長なんだから、譲りなさいよ！」

妹「お姉ちゃんなんだから、譲りなさいよ！」

君がふたりの親だったらどう解決する？

1　よい契約をするためにも、契約トラブルを解決するためにも必要な「交渉力」

契約は、自由な意思決定によって、誰と、どのような契約をするのかを決めることができる。しかし、相手のある話でもあり、相手にも契約の自由があるから、お互いに納得するような内容で合意を取り付ける必要がある。

日常生活における多くの契約（例えばコンビニでおにぎりを買う）には、交渉の余地はなく、棚に置かれた商品を、その表示された金額で買うか買わないかの選択しかない。値切り交渉をしたら、店員さんから「変な人」と思われるだろう。

しかし、複雑な契約内容になれば、いろいろと話し合いによって契約内容を変えられる契約もある。契約内容を決める過程で、あれこれと決める必要がある。例えば、新しい車を購入する際には、色をどうするか、カーナビといったオプションを付けるかとか、販売業者と話し合って決めるだろう。

また、あまり起きて欲しくないことだが、契約相手ともめてしまうこともある。相手が履行をしてくれなかったり、期待していたサービスと違っていたので、中途解約をしようとしたら、多額の解約金を請求されたり。そのようなトラブルが発生したときに、どのような方法で解決をすればいいのだろうか。

ここで、「裁判だろう」と思うかもしれない。確かに、裁判によって紛争が解決することもある。しかし、裁判はどちらかというと「最後の手段」だ。いきなり「訴えてやる！」というのは、穏当ではない。まずは、相手と話し合いをすることだ（ただし、悪質業者が相手の場合、話し合いではなく弁護士や消費生活センターに相談して欲しい）。

このように、契約をする際にも、契約によって生じたトラブルを解決するためにも交渉は付きものだ。だから、いい契約をするためにも、トラブルをうまく解決するためにも、「交渉力」を身に付けておく必要がある。

2 交渉する際の心構え

1 交渉する目的を明確にする

まずは、交渉するにあたっての心構えが重要だ。

「交渉」というと、自分の利益を最大化して、相手の利益を奪ってしまうこと、論理で、相手を打ち負かす、「論破する」と思っているかもしれない。

しかし、そのように思っていると、いい交渉はできない。こちらが、「相手を打ち負かしてやろう」と交渉に臨めば、当然相手もまた「打ち負かしてやる」と反撃してくる。そもそも交渉の目的とは、なんだろう？

それは、相手に勝つことではなく、自分の利益をしっかり確保すること、紛争を円満に解決することだ。そのための手段として、相手と話し合って交渉をする。あくまで、交渉で勝つことが目的ではなく、自分の利益を守ること、紛争を解決することが目的で、交渉はそのための手段であることをおさえておこう。

2 目的達成としての手段として何がよいかを検討する

交渉は、手段だ。交渉それ自体が目的ではない。「目的」と「手段」という考え方は、何か行動をする際に、常に念頭においておくとよい。

君は、英語や数学などの勉強をしている。それは、何のためだろう。

「○○のために、□□をする」
○○の部分が目的で、□□の部分が手段となる。
「志望校に合格するために、勉強をしている」とするならば、

「志望校合格」が目的で、「勉強」が手段だ。

しかし、目的だったものが、別の目的の「手段」になっていることが多い。例えば、目的だった志望校合格が、将来なりたい仕事につくための手段になっていたりする。また、目的

達成の手段は、１つだけではなく、複数あることが多い。例えば、将来なりたい仕事が医師だとして、Ａ大学ではなくても、別のＢ大学でも医師になることができる。

交渉は、よい契約をするため、円満に紛争を解決するための手段である。相手を打ち負かすものではない。交渉の目的をはき違えて、勝ち負けにこだわると、本来の目的からかえって遠ざかってしまう。例えば、契約締結交渉の場面で、相手をおどして契約をさせた場合、相手からの信頼を失うばかりか、契約も後で取り消されて、損害を被るということもある。「何のために契約をするのか」という契約の目的をしっかり認識していれば、誠実に交渉した上で、もし同意ができなければ、別の契約相手を探すことや、商品の購入を諦めることも選択肢となるだろう。

①その目的は、本当に達成したいものか？
②その方法は、目的を達成する手段として、適切なものか？
③その目的を達成する手段として、その方法以外のよい選択肢はないのか？
この３つの視点を意識することで、柔軟な交渉が可能になるはずだ。

3　交渉の準備

1　自分の希望を明確にしておく

自分が相手に対して、何を求めたいのかを明確にしておく。一人暮らしのアパートを借りるための賃貸借契約であれば、どのような条件、賃料であればいいのか、優先順位も含めて希望を明確にし、紙に書き出しておこう。

もし、すでに交渉相手と話し合いが始まっているのであれば、自分の希望とそれに対する相手の回答、相手の希望と自分の回答を表にして整理しておくとよい。

契約トラブルになった場合には、自分の主張と相手の主張を整理して、どこが食い違っているのかを確認する。

話し合う項目	自分の主張	相手の主張
解約について	商品が不良品なので、契約を解約して、代金を返してもらいたい。	商品は不良品ではないので、解約に応じられない。
商品の交換について	解約できないなら、不良品でない別の商品と交換して欲しい。	商品は不良品ではないが、送料を負担するなら別の商品と交換してもよい。

主張整理表の作成

2 これまでのやりとりを時系列で整理する

主に、契約トラブルを解決するための交渉に関することだが、登場人物と時系列で、事実を整理すると、交渉にあたってのポイントが見えてくることもある。

例えば、AがB販売店のCから勧誘を受けて、Dクレジット会社のクレジットを利用して、英会話セット30万円を購入した場合には、次のような感じだ。

① 契約のトラブルは、人間関係の問題であり、自分を主人公にして、契約の相手方や関係する第三者を記載する。

自分 A ―――――――― B 販売店
担当者 C

自分が、販売店から商品を購入するために、クレジットカードを利用したなら、クレジット会社も書き込む。

D クレジット会社

自分 A ―――――――― B 販売店
担当者 C

英会話セット売買契約

② 線をひいて、時間の流れにそって起きた事実を記載する。

R 4. 9.2 ―― 9.20 ―― 9.25 →

C から電話勧誘を受ける

契約書に署名をする
クレジット契約もする
(契約書)

B に解約を申し入れたが
できないと言われた
(相手からのメール)

③ 事実について、書類やメールで裏付けられるものがあれば、それも記載しておく。

3 法的な権利として何が主張できるのかを検討してみる

次に、法的に何か主張できないかを検討する。ここは専門的な話になるため、弁護士に相談するとよい。参考までに、弁護士が相談を受けたときの思考プロセスは以下のようになる。

契約を解約するための法的手段のピックアップ作業を行う。

・未成年者取消権が使えないか?
・クーリング・オフがいえないか?
・消費者契約法の取消しが使えないか?
・詐欺取消しができないか?

取消しや解除の要件を満たすかどうか、事実と照らし合わせて検討していく。その上で、立証することが容易なことを中心に組み立てていく。契約を解約したいのであれば、まずは、解約のための要件が緩《ゆる》やかで、立証が容易なクーリング・オフを検討するとよいだろう。

○まとめ

・自分の主張と相手の言い分を整理する（主張整理表の作成）
・登場人物を書き出し、これまでのやりとりを時系列で整理する（登場人物の図と時系列）
・事実を裏付ける書類やメールがあれば、時系列に書き込む
・法律上、目的を達成するために、何か言えないかを検討してみる

4 交渉によって合意ができる領域を設定しておく

できれば交渉でまとめたいが、相手の要求が自分の希望とはかけ離れていて、相手が全く譲歩をしない場合には、相手の言い分を丸呑みする必要はない。売買契約締結交渉の場合には、交渉でまとまらなければ「契約をしない」という選択肢もあるし、契約トラブルの解決については、交渉が決裂すれば、最終的には裁判で解決を図るという選択肢もある。

とはいえ、相手の業者から強く、もっともらしく、要求をされた場合（契約した以上は、解約はできません。違約金〇〇万円払ってもらいます）、受け入れるしかないのかと思いがちだ。しかし、選択肢が別にあること、そして、交渉では最低でもこのラインまでだと決めておくと、相手の要求に流されず、自分の言い分を伝えて、交渉することができる。

交渉でまとめるにあたって、ここは譲れない、決裂もいいとわないという最低ラインのことをボトムラインというが、これを決めておくとよい。例えば、50万円であれば、購入するが、それより高いと契約しないとかだ（ただ、一方で、新しい情報や時間の経過もふまえて、変わりうることをどこかで留保しておく）。

また、ボトムラインを含めた交渉で合意することができる範囲「合意可能領域」を決めておくとよい。

例えば、売買契約の代金交渉では次のような感じだ。

売主Ａは、中古車Ｚを１５０万円と値段をつけているが、１２０万円なら売ってもよいと考えている。Ａの合意可能領域は１２０万～１５０万円となる。

中古車を買いたいＢは、中古車Ｚを気に入り、できれば１００万円で買いたいが、１３０万円までなら払えると思っている。この場合、Ｂのボトムラインは１３０万円、合意可能領域は１００万～１３０万円となる。

１２０万円～１３０万円で重なる部分がある。どちらかが、この領域での金額を提案すれば、売買契約が成立する可能性がある。

売主Ａが、いきなり「１５０万円から30万円値引きして、１２０万円ならいいですよ」と言えば、Ｂは、「じゃあ１２０万円で買います」となるだろう。

逆にＢが、いきなり「１３０万円なら買います」と言えば、売主Ａは、内心１２０万円でも売るつもりだったけど、１３０万円と言うならそれでいいや、となるだろう。

そこで、お互いに、いきなり譲歩できる最低限の主張を伝えるのは、あまり得策ではない。できる限り有利な結論に持ち込むためには、相手の合意可能領域を探るために、最初は、多分同意はしないだろうなぐらいの提案でよい。

Ｂの立場からは、最初に値札１５０万円を試みて、ダメ元でも「１００万円なら買います」

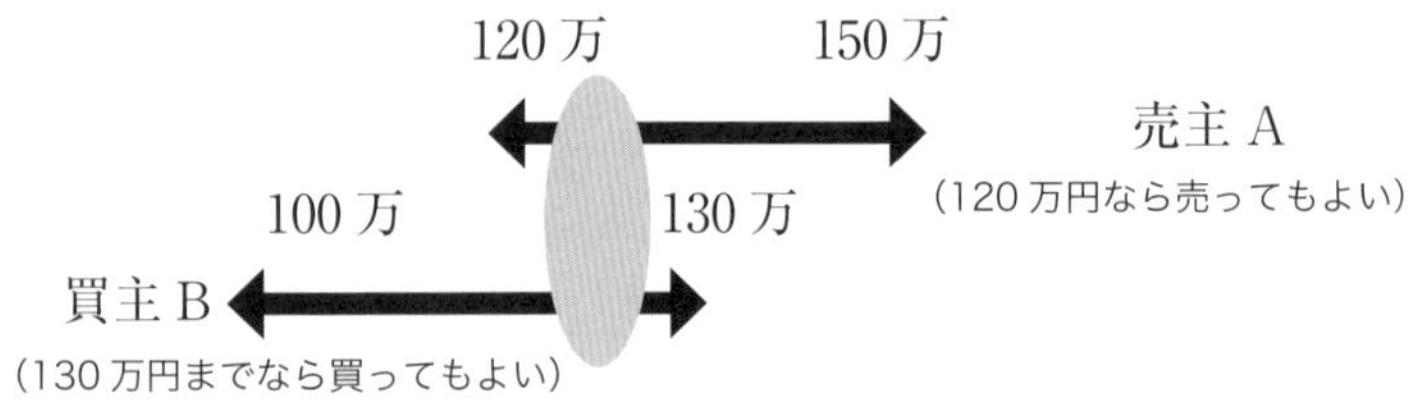

Bのボトムラインは130万　120万～130万がAの希望と重なる

とA販売店に伝えてみる。当然Aは、１００万円では売れません、と断るだろうが、「１２０万円なら販売可能」と言ってくれるかもしれない。

一般的には、自らの合意可能領域を設定し、まずは、自分にとって一番有利な金額を提示しつつ、相手の反応を見ながら、相手の合意可能領域を推測していくのがいいだろう。もちろん、相手の立場や相手との関係性をふまえて、駆け引きなしで、自分が合意できる領域を提示することも悪いことではない。

5 交渉が決裂した場合の代わりの解決手段とその結果を想定しておく

　交渉が決裂した場合の代替手段《だいたいしゅだん》を用意しておくと、交渉がしやすくなる。例えば、君が学園祭の実行委員で、タレントCに来て欲しいと考えている。このときに、君は、Cのギャラは50万円だが、予算にも限りがあり、できればもう少し低く抑えたいと考えている。もしCしか選択肢がなければ、Cが提案するギャラ（50万円）で同意するしかない。

　しかし、C以外にも、タレントDという候補者がいて、Cが第一希望だが、Dも遜色はなく、ギャラが40万円だとすると、Cとギャラの減額交渉をして、もし減額がダメだったら、Dに依頼することも可能になる。

「Cさんに依頼したいのですが、ギャラ50万円では予算をオーバーしています。そこで別の方に依頼することも考えています。実行委員会としては、できればあなたに依頼したいと思っていますが、少し減額できないでしょうか」と言ってみる。

　もしCが売れっ子タレントで仕事に困っていなければ、そう言われても、「それだったら契約しなくていいですよ」とあっさり断るかもしれないが、もしそうでなければ、「では、少し減額してもいいです」と応じる可能性もあるだろう。

　Cとの交渉にあたって、別のDへの依頼でもいいという代替手段があることによって、Cとの契約交渉が決裂することを怖れず、「強気に」交渉することができる。代わりの手段がある場合には、余裕を持って交渉することができ、相手の言う条件のとおりに合意をする必要もない。

そういう意味で、代替手段を交渉の前に用意しておくということは、交渉をうまく進める上でのポイントだ。

4 交渉の実践方法

1 自分の主張・希望を相手に伝える

まずは自らの主張を相手に伝えることがスタートだ。相手の主張を聞いても、それをそのまま受け入れる必要はない。自分の主張や希望を伝えるには、その理由、さらにその理由を裏付ける根拠と事実を伝えるとよい。

希望・主張	←	理由	←	理由を支える根拠事実	←	事実の裏付け証拠
解約をしたい		未成年者取消権		未成年者であること		生年月日がわかる書類

2 相手の主張をしっかり聞き、その背景にある真意を確認する

相手とトラブルになっているとき、相手の言い分を聞くことは、苦痛で、聞きたくないかもしれない。しかし、相手の言い分をその理由とともによく聞くことで、問題の解決が見えてくる場合がある。その有名な例が「オレンジ事件」だ。

1個のオレンジをめぐって、言い争いになっている姉妹がいた。お互いにオレンジが欲しいと言い合っている。

姉「私が年長なんだから、譲りなさいよ！」

妹「お姉ちゃんなら、妹に譲ってよ！」

君ならどう解決するだろうか？　普通なら、半分ずつ分ければ問題解決というところだろう。

さっそく半分に切り、それぞれに分け与えたところ、妹は皮を捨て、姉は実を捨てたというのだ。そこで、「いったいオレンジの何が欲しいの？」と聞いてみると、妹は、オレンジの「実」が、姉は、マーマレードを作りたくてオレンジの「皮」が欲しかったのだと言う。

もし、最初からわかっていたら、オレンジの実は妹に、オレンジの皮は姉に分けて、二人とも満足したはずだ。相手が何を求めているのか、どういう理由で求めているのかがわかっていれば、お互いにハッピーな解決方法を見つける可能性も高くなる。

「オレンジが欲しい」という表向きの要求だけではなく、「なぜオレンジが欲しいのかな？」と掘り下げて確認することがポイントだ。

何に重要性を感じているか。自分にとって重要なものと、相手にとって重要なものとが、違うこともある。それをお互いに確認し合うことによって、解決方法が見つかることもある。

難しいのは、本人が真意を隠して表現しないこともあるし（それくらいわかって欲しい。本音と建前）、本人が自分の本当の真意に気がついていないこともある。それが欲しいという本当の真意、本当の目的を確認することができると、別の手段で、本人の希望を叶えられる場合もある。目的を達成するための手段には、別の手段があることも多いのだ。

真意の確認には、信頼関係が大切だ。信頼関係がないと相手は心のうちを話してくれないだろう。そこで、まずは、相手が話していることをよく聴くことが重要だ。相手が話している途中で遮《さえぎ》らない、言葉をかぶせないようにする。

そして、「あなたが、おっしゃっていることは○○ということでしょうか」と相手の言ったことを繰り返したり、言い換えたり、要約したりすることで、相手は、君に聴いてもらっていると安心して、さらに話しやすくなる。

また、相手に真意を話してもらうために、質問を工夫する必要もある。質問を工夫して、相手が話しやすいような状況にして、相手から情報を仕入れていく。このとき、言葉遣いは丁寧に、詰問口調にならないよう、穏やかに質問をする。質問では、オープンクエスチョン、クローズドクエスチョンを適宜使い分けて、質問をしていくとよいだろう。基本はオープンクエスチョンでいいと思う。

・オープンクエスチョン：相手から意見やアイデア、様々な情報を引き出したいとき「あなたは、どのような解決案がいいと考えていますか？」という開かれた質問のこと。

・クローズドクエスチョン：相手の考えを確認したいとき「1万円なら値引きしてもらえますか？」という質問のように、「はい」か「いいえ」で回答できる質問のこと。

質問をする際には、相手の真意を確認することが目的だから、情報を仕入れていくつもりで、冷静に行うことが大切だ。

3 相手の言い分を聞き、それに対する主張と理由、その理由の裏付けとなる書類を示す

相手の言い分を聞いた上で、自分の主張と相手の主張のどこが食い違っているのかを確認し、食い違っている点について、自らの主張やその理由、理由の裏付けとなる書類があれば、それを相手に提示して見てもらう。

そうした過程を経ることで、相手が、自分の主張に歩み寄ってくれる可能性もある。

4 相手の言い分をふまえ、自分も相手も納得できる解決案を考える

自分の主張と理由や根拠となる裏付け証拠といった情報、相手から出された情報を眺めてみる。イメージとしては、テーブルの上に、お互いの情報を載せている感じだ。その上で、情報を整理し、問題となっている点を、お互いの真意をふまえて、納得できる案はないかを考える。

そして、思いつく複数の解決案を出し、検討する。そのうち相手に提案できるものがあれば、相手に提案してみる。先の「オレンジ事件」の例では、姉のオレンジの「皮」が欲しいという真意がわかれば、容易に解決案「皮は姉に、実は妹に」と導くことができる。

5 交渉が決裂したらどうなる？ ～調停・裁判

契約の際、交渉がまとまらなければ、相手と契約をしないということで終わりとなる。必要があれば、別の契約相手を探すことになるだろう。他方で、契約をめぐるトラブルを解決するための交渉が決裂したらどうなるのだろうか？

「売買代金を支払ったのに、商品が送られてこない。あるいは送られてきた商品が不良品だった」というような場合、泣き寝入りせずに、代金を返してもらいたいなら、交渉が決裂した後に、次の解決手段を試みる必要がある。

契約をめぐるトラブルの解決方法は、交渉の他に、当事者と利害関係のない公正中立な第三者に間に入ってもらい、話し合いを行う「**調停**《ちょうてい》」、そして、裁判所に権利があるかないかを判断してもらって、紛争の解決を図る「**民事裁判**《みんじさいばん》**（民事訴訟**《みんじそしょう》**）**」がある。

「調停」は、基本的に「話し合い」だから、中立的な第三者（調停人）が判断することはない。当事者間で、話し合いを通じて解決のための合意が成立しないかを調整する立場だ。

ただ、お互いの言い分や出された書類をふまえて、調停案という解決案を出すこともある。当事者は、その調停案を受け入れることも、受け入れないことも自由で、双方が受け入れると調停が成立する。調停には、お互いにしこりが残りにくく、早く柔軟な解決ができるという利点もある。

調停には、裁判所で行う「民事調停」の他に、弁護士会や司法書士会等が行う「ＡＤＲ（裁判外紛争解決手続）」、労働契約に関する問題なら「労働局のあっせん」といったものもある。

「民事裁判（民事訴訟）」は、中立公正な第三者である裁判官が間に入るが、基本的には当事者の話し合いではなく、裁判官が、当事者双方の主張と理由を聞き、出された証拠書類や証人に話を聴いた上で、原告が求める権利（例えば売買代金の返還請求権）が認められるかを「判決」という形で判断し紛争の解決を図るものだ。

もっとも、裁判においても、判決に至る前に、裁判官が間に入って、当事者の話し合いによる解決ができないかを促し、当事者がお互いに譲り合って合意によって解決するという「和解《わかい》」もある（実際には、「判決」より「和解」で終わることの方が多い）。

○第9章の問いかけ

- □交渉って何だろう？
- □交渉の目的とは、何だろうか？　何のために交渉をするのだろうか？
- □交渉する際の心構えとは、何だろう？
- □交渉する前に準備しておくこととは、何だろう？
- □交渉が決裂した場合の代替手段を用意しておくことは、なぜ大切なのだろう？
- □交渉は、どのような流れで進んでいくのだろう？
- □交渉で、相手の話を聴くことが大切なのは、なぜだろうか？
- □解決案を考える際には、どのようなことに注意すればいいのだろうか？
- □調停とは何だろう？　紛争解決手段として、どのような特徴があるのだろうか？
- □民事裁判とは何だろう？　紛争解決手段として、どのような特徴があるのだろうか？

おわりに　～契約を使いこなして豊かで幸せな人生を

この本を最後まで読んでくれてありがとう。中学生や高校生のみんなにもわかるように、できるだけわかりやすく契約について話したつもりだが、途中、難しくて、よくわからないところもあったと思う。できれば、一度きりではなく、何度も読んで、自信を持って契約ができるようになるための知恵袋としてこの本を活用してもらいたい。そして、契約について困ったときには、またこの本を開いて欲しい。きっと何かのヒントが得られるはずだ。

契約することは、人とつながることだ。契約することは、意思による選択であり、どのような契約を積み重ねていくかによって、自らの人生をどのように生きていくかを方向づけることにもなる。君は、これから、どのような契約を通じて、どのような仕事について収入を得て、どのように社会に貢献するのだろうか。君の大切な時間とお金をどう使うのかは、契約と切っても切れない関係にあることをこれから実感するだろう。

人が、契約をする目的は、自らの人生を幸せにしたいという動機が心の奥底にある。

しかし、人は、時に、大切な時間やお金を無駄にするような契約、後で後悔するような契約、自分を不幸にするような契約をしてしまう。その原因は、業者の巧みな心理戦術に惑わされてということもあるだろう。しかし、根本的には、自分が本当に必要としているものが何か、自分を幸せにするものが何かが、見えなくなっているからだ。

だから、契約をしようとする際には、「この商品は、自分にとって本当に必要な物なのだろうか」「この契約は、自分を幸せにする契約といえるのだろうか？」を考える習慣をつけて欲しい。相手の言っていることだけではなく、自分にとって何が大切なのかを見つめ直して欲しい。

自分にとって何が必要で、自分を幸せにする契約は何かがはっきりしていれば、よい契約ができる可能性はグンと上がるだろう。

それから、君自身が、人を不幸せにするような契約はしないで欲しい。自分だけが幸せになる契約ではなく、相手にとっても幸せになる契約を目指して欲しい。契約を通じて、人を幸せにすることができるって、素晴らしいことだ。誠実に、相手を幸せにしようとする心がけが、契約によって君が幸せで豊かな人生を送るためのもう一つのポイントになる。そのためには、契約をする際には、相手が適切な意思決定ができるように十分な情報提供をし、契約した後は、契約で決めたことを、誠実に履行しよう。そうすることで、相手は君に感謝し、再び君と契約をしてくれたり、別の人を紹介してくれたりするだろう。その連鎖が、君を豊かに、幸せにしてくれるはずだ。

この本では、君たちが、悪質商法の被害にあわないようにという願いもあり、そのことも詳しく説明したが、契約は怖いものと思わないで欲しい。契約は、刃物や火と同じように、使い方によっては、怪我や火傷（失敗）をするが、うまく使いこなすことができれば、人生を豊かにすることができる。刃物と同じように、契約も「実際にやってみる」という経験を通じて、使いこなすことができる部分も大きい。

だから、「どうしてこのような契約をしたのだろう」というような失敗をした経験も含めて、これからは、大きな失敗をしないように、そして自分を幸せにするよい契約ができるように、経験を生かして欲しい。

君が、契約をうまく使いこなして、豊かで幸せな人生を送れることを願っている。

大人向けのあとがき

本書は、「18歳までに知っておきたい法のはなし」の続編です。おかげさまで、「法のはなし」が好評をいただき、「『厚生労働省児童福祉文化財』～子どもたちに読んでほしい本」にもなりました。「法のはなし」は、子どもたちが、一人で楽しく法について学び、多様な人々がいる社会の中で、他者と共生しながら、自分らしく幸せに生きていってもらいたいという願いから書いたものです。その願いは、本書でも変わりありません。

「法のはなし」では、法や裁判、憲法、民事法、刑事法、裁判について、包括的にお話をしましたが、本書「契約のはなし」は、成年年齢引き下げもあり、私法の契約に絞って、より詳しく、掘り下げて書いたものです。

２０２２年4月より、成年年齢が20歳から18歳に引き下げられました。消費者被害にあいやすいのは、高齢者とともに若年者が多く、これまで「未成年者取消権」によって保護されていた18歳や19歳の若者の被害が増加すると心配されています。保護者のみなさんにとっても、お子さんが被害にあわないか、心配されているところでしょう。そこで、本書では、被害にあわないためには、18歳になるまでに、契約について、一定の知識や考え方を身に付けておくことが必要だという意図もあります。

ただ、本書は、消費者被害にあわないようにするだけではなく、「契約をうまく使いこなして、豊かで幸せな人生を」ということを根本的な目的としています。

そこで、消費者被害のパターンやクーリング・オフなどといった困ったときの対処や知識だけではなく、なぜ契約の拘束力、契約自由の原則が認められるのかといった掘り下げた話や借金に困らないための家計収支、よりよい交渉のための準備といった実践的な話、そして、契約する際には、「本当にこの契約が自分にとって必要な契約か」「自分を幸せにする契約なのか」といった自分を見つめ直すことの重要性もお話ししました。実は、弁護士業務の中で、日々相談に来られる相談者の悩みを聞いていますと、後者のほうこそ私たちにとってより大切なことだと実感しています。

本書が、これから成人になる子どもたち、そして大人のみなさんにとっても、「契約を使いこなして、豊かで幸せな人生」を送るための一助になれば、幸いです。

最後になりましたが、本書を出すにあたっても、多くの人から支えていただきました。厚く御礼申し上げます。ありがとうございました。

令和5年2月

神坪浩喜

神坪浩喜（かみつぼ　ひろき）

弁護士（仙台弁護士会所属）／あやめ法律事務所所長
日弁連市民のための法教育委員会委員。

1968年北九州市生まれ。東北大学法学部卒。

法の基礎知識、法的なものの見方・考え方を子どものうちから身につけておくことが、社会で他者と共生しながら自分らしく生きていくために必要と考え、法教育の活動を長年にわたって行う。著書に、「18歳までに知っておきたい法のはなし」（みらいパブリッシング）、「弁護士がここまで教える　よくわかる離婚調停の本」（同文舘出版）、「中小企業のためのパワハラ防止対策Q＆A」（労働調査会）等がある。

あやめ法律事務所ホームページ　http://www.ayame-law.jp/

神坪浩喜の本
シリーズ

18歳までに
知っておきたい
法のはなし

99.9%解決できる！
借金問題解決法

18歳《さい》までに知《し》っておきたい契約《けいやく》のはなし

2023年 2月24日　初版第1刷

著　者　神坪浩喜
発行人　松崎義行
発　行　みらいパブリッシング
〒166-0003 東京都杉並区高円寺南4-26-12 福丸ビル6F
TEL 03-5913-8611　FAX 03-5913-8011
編　集　小澤久
ブックデザイン　池田麻理子
イラスト　菅原奈美
発　売　星雲社（共同出版社・流通責任出版社）
〒112-0005 東京都文京区水道1-3-30
TEL 03-3868-3275　FAX 03-3868-6588
印刷・製本　株式会社上野印刷所
©Hiroki Kamitsubo 2023 Printed in Japan
ISBN978-4-434-31566-4 C0037